Amazon FᴅA ᴢᴜ᷾᷾

Aprende El Mejor Método Paso

A Paso Para Crear Y

Administrar Un Negocio De

Comercio Electrónico Rentable

GEORGE HILL

Contents

4

6

Introducción

Amazon FBA o el cumplimiento de Amazon es una oportunidad de negocio que ofrece a las personas la oportunidad de operar su propia tienda de comercio electrónico sin tener que lidiar con todas las campanas técnicas que pueden hacer que el comercio electrónico tradicional parezca algo abrumador.

Si desea administrar su propia tienda de comercio electrónico, Amazon FBA es una forma maravillosa de comenzar. Esta oportunidad de negocio única le ofrece tantos beneficios que simplemente no obtendrá en ningún otro lugar, lo que hace que el comercio electrónico sea más fácil de acceder que nunca. La abundancia de beneficios que obtienes con esta oportunidad significa que puede hacer su tienda Amazon FBA como un evento de tiempo completo sin tener que dedicar horas de tiempo completo. Innumerables personas han podido ganar más de $10,000 al mes usando esta plataforma, a la vez que pueden disfrutar de su vida y libertad de tiempo debido a la estructura de este negocio.

¡Si, es verdad! Debido a cómo funciona Amazon FBA, en realidad no tiene que invertir tanto tiempo en su negocio para iniciarlo y mantenerlo. Si bien tomará un poco de práctica y esfuerzo desde el principio comenzar y poner en marcha su negocio, mantener e incluso hacer crecer su negocio con Amazon FBA lleva mucho menos tiempo que con cualquier otro modelo de negocio. Esto significa que no solo podrá obtener grandes ganancias, sino que también tendrá tiempo para disfrutar de las ganancias que está obteniendo para que realmente pueda vivir ¡su mejor vida!

En este libro, quiero ayudarlo a descubrir todos los detalles de Amazon FBA. Voy a ayudarlo a descubrir exactamente qué es este modelo de negocio, cómo funciona y qué debe hacer para aprovecharlo. También voy a ayudarlo a identificar cómo puede diferenciarse de los demás que están utilizando Amazon FBA al ayudarlo a descubrir los productos correctos para vender, así como la marca correcta para usar para vender esos productos. Al combinar todos los consejos y técnicas que le doy en este mismo libro, obtendrá todo el conocimiento que necesita para que su negocio funcione.

La mejor manera de usar este libro para que realmente pueda obtener ese nivel de éxito es comenzar leyendo este libro de principio a fin para que sepa exactamente lo que se requerirá de usted para que tenga éxito. Luego, una vez que tenga un esquema claro en su mente, puede volver a leer este libro y

seguir el proceso paso a paso como se indica en estos capítulos.
El uso de este método lo ayudará a tener el mejor plan para el
éxito tanto en papel como en su mente para que realmente
pueda aprovechar su conocimiento para tener éxito.

Si está listo para comenzar el viaje de lanzar su propio negocio
de Amazon FBA, es hora de comenzar. Le animo a que
realmente se tome su tiempo con este libro y siga todas las
señales a medida que surjan, ya que esto garantizará que siga el
plan exacto para construir su exitoso negocio de Amazon FBA.
Y, por supuesto, ¡disfrútelo!

Capitulo 1: Introducción a Amazon FBA

Amazon FBA es un modelo de negocio que fue presentado originalmente por Amazon en 2006. En ese momento, Amazon quería ayudar a sus comerciantes mediante el suministro de almacenes a los que sus comerciantes pudieran enviar sus suministros, permitiendo a los empleados de Amazon ser responsables de todo lo relacionado con los envíos producto. Esto significaba que los comerciantes ordenarían productos y los entregarían en almacenes específicos de Amazon, donde Amazon luego empaquetaría y enviaría los productos para esos comerciantes. Amazon también administraría devoluciones e intercambios, y cualquier otra cosa relacionada con la administración de los productos para sus comerciantes.

Amazon FBA se introdujo como parte de la iniciativa de Amazon para mantenerse a la vanguardia del crecimiento del comercio electrónico. Sin embargo, no fue hasta los últimos años que este modelo de negocio realmente comenzó a madurar y despegar. Aunque las personas usaban Amazon FBA en el pasado, el costo de involucrarse en tal modalidad todavía era bastante grande para la persona promedio. Si bien Amazon hizo todo lo posible para que sus funciones fueran accesibles, los mayoristas y otros proveedores todavía eran bastante caros de comprar, lo que significaba que aún necesitaría un gran fondo inicial si se involucraba con esta práctica.

Afortunadamente, con el aumento de la popularidad del comercio electrónico en los últimos años, esto ha cambiado por completo. En la última década, más mayoristas y comerciantes han estado disponibles para aquellos que desean iniciarse en el comercio electrónico, muchos de los cuales tienen puntos de entrada accesibles y asequibles para la persona promedio. Esto ha hecho que sea mucho más factible que las personas se involucren con el comercio electrónico, especialmente una vez que se tienen en cuenta los beneficios de una plataforma como Amazon FBA.

En este capítulo, quiero ayudarlo a darle una idea clara de cómo es vender con Amazon FBA para que pueda ver exactamente en qué se está metiendo cuando comience a vender con esta plataforma.

Reglas y Pautas de Venta

Amazon FBA tiene una serie de reglas y pautas que ayudan a proteger la plataforma, así como a los vendedores que la utilizan. Estas reglas y pautas generalmente pertenecen a la estructura legal de la empresa para garantizar que todos sean razonables en la forma en que usan la plataforma y que nadie se meta en problemas legales.

A continuación se muestra un resumen de cada una de las políticas y requisitos importantes que debe saber sobre la venta en Amazon FBA a partir de 2021.

Comentarios de los Clientes
Todos los pedidos enviados a través de Amazon FBA están sujetos a comentarios de los clientes. Si un cliente deja comentarios que reflejan negativamente el envío o el cumplimiento del pedido, eso no cuenta en contra de su calificación de vendedor, ya que Amazon posee toda la responsabilidad por eso.

Devoluciones del Cliente
Amazon FBA tiene su propia política de devolución que determina si un producto es elegible para ser devuelto o intercambiado. El vendedor no tiene derecho a determinar cuáles son estas pautas. Sin embargo, están obligados a proporcionar los fondos de reembolso parcial o total si Amazon FBA considera que el producto es elegible para un reembolso.

Servicio al Cliente con Pedidos de Cumplimiento Multicanal

El cumplimiento multicanal significa que está vendiendo sus productos en plataformas más allá de Amazon. Con Amazon FBA, solo se cumplirán los productos que se registren a través de su Amazon FBA y se envíen a la instalación misma y luego se vendan en Amazon. Será necesario que usted realice y administre todas las ventas que se completen en otro lugar, como en su propio sitio web privado. Amazon no admite esta estructura de cumplimiento de ninguna manera.

Reembolso de Inventario Perdido y Dañado

Si Amazon es responsable de dañar o perder su inventario, le proporcionarán un reembolso total o parcial dependiendo de la cantidad de producto que se haya perdido o dañado. Sin embargo, si Amazon no es responsable por el daño o la pérdida (como si ocurre en el transporte o en el almacén de su proveedor), no le reembolsarán el dinero. Deberá hablar con su proveedor o compañía de transporte para obtener asistencia con ese.

Restricciones de Producto

Ciertos productos, particularmente aquellos con fechas de vencimiento o que pueden ser sensibles a la temperatura, pueden no ser elegibles para ser vendidos a través de Amazon

FBA. Si está vendiendo algo que puede requerir requisitos especiales de almacenamiento o envío, deberá comunicarse con Amazon FBA para ver si ese producto es elegible. Si vende productos que se consideran productos peligrosos, bebidas alcohólicas (incluida la cerveza sin alcohol), neumáticos de vehículos, linternas flotantes, tarjetas de regalo o certificados de regalo, o productos que requieren una licencia específica para la venta, tampoco son elegibles. Además, todo lo que se haya replicado o fabricado ilegalmente, que no cumpla con el acuerdo legal entre Amazon y sus vendedores, o que no se haya registrado correctamente con Amazon FBA no será elegible para las ventas de Amazon FBA.

Características Importantes que debe Conocer

Amazon FBA tiene una variedad de características diferentes que hacen que administrar su negocio sea conveniente y relativamente simple. Aunque habrá una curva de aprendizaje, como ocurre con cualquier cosa, una vez que descubra cómo usar esta plataforma, encontrará que es extremadamente simple.

La primera y obvia característica que viene con Amazon FBA es la gestión de inventario y el cumplimiento del envío. Los empleados de Amazon recibirán sus pedidos de su proveedor, verificarán su calidad y administrarán el inventario en su propio almacén, dejándolo completamente fuera de la ecuación. Además de ordenar sus productos y enviarlos al almacén, todo lo que necesita hacer es monitorear las actualizaciones de estado en su cuenta de vendedor para asegurarse de que todo funcione sin problemas. Cuando se ordena un producto, los empleados de Amazon enviarán ese producto y gestionarán todas las inquietudes relacionadas con el envío hasta que el cliente haya recibido el producto. Si se requieren devoluciones o cambios, Amazon también lo gestionará.

Amazon FBA también ofrece tarifas de envío con descuento porque tienen sus propios contratos de envío vigentes. Debido al volumen masivo de productos que siempre envían, pueden obtener un trato mucho mayor de lo que usted podrá obtener como individuo que administra una sola empresa. Esto significa que podrá ahorrar a sus clientes una gran cantidad de dinero, y también ahorrarse una gran cantidad de dinero. Otro gran beneficio de esta configuración de envío es que sus pedidos se enviarán mucho más rápido y llegarán a su cliente antes porque pueden acceder a la función de envío de 2 días de Amazon.

De hecho, no solo se está desbloqueando la función de envío de 2 días. Todas las funciones de Amazon Prime se desbloquearán para su tienda. Esto significa que cada vez que alguien compre con usted, accederá a todos los beneficios de Amazon Prime, que van desde el envío rápido y gratuito hasta el servicio prioritario. Como vendedor, también recibe acceso a beneficios promocionales especiales en Amazon, ya que Amazon promociona las tiendas habilitadas con Amazon Prime entre sus miembros para brindarles una mejor experiencia de compra.

Además de las características de Amazon Prime, usted y sus clientes también obtienen acceso al servicio al cliente 24/7. Los empleados de Amazon están de guardia a través del soporte telefónico, chat y correo electrónico a todas horas del día, todos los días de la semana para brindarle a usted y a sus clientes un servicio prioritario si alguna vez necesita asistencia. Esta característica por sí sola es una función increíblemente valiosa que libera mucho tiempo y energía de su agenda para que no se quede esperando y gestionando consultas de servicio al cliente todo el día.

Aunque las funciones estándar de Amazon FBA no permiten funciones de cumplimiento multicanal, hay una función que puede pagar que también le permite acceder al cumplimiento multicanal. Si configura una cuenta de Amazon FBA con esta función activada, tiene acceso a la oportunidad de ejecutar su tienda de comercio electrónico en otro lugar de la red mientras Amazon FBA cumple con todos sus pedidos. Esto significa que puede ejecutar un imperio masivo en línea, mientras que Amazon tiene todas sus funciones de envío y servicio al cliente. Si está buscando escalar su negocio de comercio electrónico lo más grande posible, esta es una característica importante que debe conocer.

Finalmente, Amazon tiene cientos de almacenes en toda América del Norte dedicados a Amazon FBA. Esto significa que si está buscando hacer crecer un imperio masivo, puede acceder a un espacio de almacenamiento prácticamente ilimitado para todos sus productos. El crecimiento ilimitado significa que no hay límite en cuanto a lo lejos que puede llegar con su negocio, lo que le brinda la oportunidad de seguir creciendo y obtener mayores ganancias mes tras mes. Si está buscando una oportunidad a largo plazo que lo ayude a obtener un ingreso enorme, Amazon FBA es una gran oportunidad.

Cómo Funciona Vender

Vender en Amazon FBA funciona de manera diferente a otras plataformas de comercio electrónico, ya que tiene más manos libres que en otras plataformas. Mientras que en otras plataformas necesitaría recibir envíos, verificar la calidad, organizar su inventario, administrar su inventario, enviar su inventario, administrar sus envíos, administrar el servicio al cliente y administrar los comentarios, no lo hace con Amazon FBA. Todas estas características están cubiertas para usted en el proceso de venta, lo que hace que sus contribuciones sean mucho más simples y convenientes. Dicho esto, todavía hay cosas que deben suceder para que las ventas sucedan, y es importante saberlo. Si bien este proceso es mucho más fácil, no es totalmente independiente, lo que significa que aún tendrá cierto nivel de participación para convertir su tienda en un éxito masivo.

Como vendedor, hay tres cosas principales a las que debe prestar atención para realizar ventas: qué productos está vendiendo, cómo los anuncia y qué comentarios recibe. Estas tres áreas lo ayudarán a estructurar sus ventas para que pueda obtener la mayor cantidad de ventas posible, lo que le permitirá hacer crecer su tienda rápidamente.

En términos de qué productos está vendiendo, debe asegurarse de que su tienda tenga los productos adecuados para atraer a las personas en primer lugar. Si no está vendiendo los productos correctos, sus clientes no vendrán porque no van a estar interesados en lo que tiene que ofrecerles. Elegir los productos correctos y los precios correctos es crucial.

La publicidad ocurre de muchas maneras y generalmente es mucho más fácil de lo que parece. Con la publicidad, debe centrarse en hacer correr la voz, establecer una marca reconocible y aprovechar las características detrás de escena como SEO para que pueda ser visto. Discutiremos todo esto con mayor detalle más adelante para que sepa exactamente cómo navegar por estas funciones o cómo externalizarlas si desea que otra persona administre la parte de marketing de su tienda en el futuro.

También debe prestar atención a los comentarios que recibe de sus clientes para saber cómo hacer crecer su tienda. Los comentarios le dirán qué les gusta a sus clientes, qué no les gusta y qué quieren ver más. Incluso algo tan básico como que alguien califique sus productos sin decir una sola palabra sobre ellos puede ser valioso para ayudarlo a elegir la dirección de sus productos y su marca, de lo cual también aprenderá más adelante.

Una vez que aprenda a navegar y administrar estas tres partes de la venta, es fácil poner sus productos en manos de los clientes. Todo lo que tiene que hacer es mantenerse constante y continuar aprovechando las características que tiene disponibles para que pueda hacer crecer su negocio y hacer ventas consistentes día tras día.

Estructura de Tarifas de Amazon FBA

Como probablemente pueda esperar, una característica como Amazon FBA ciertamente no es gratuita. Tendrá que pagar para acceder a todas estas funciones, que es algo de lo que debe estar completamente al tanto. Comprender la estructura de tarifas de Amazon FBA garantizará que esté al tanto de lo que gastará en su negocio, lo que resultará increíblemente útil en el futuro cuando determine qué productos vender. También lo ayudará a descubrir cuáles son sus ganancias y cómo está creciendo su tienda.

Amazon FBA tiene dos tarifas principales que pagará: tarifas de cumplimiento y tarifas de almacenamiento mensual.

Las tarifas de cumplimiento son tarifas que usted paga cada vez que se realiza un pedido, y cuando algunos pedidos se devuelven o intercambian a menos que estén en la categoría específica de "devoluciones gratuitas de clientes" de Amazon. Estas tarifas varían según el tamaño del producto y cuánto pesa, así como de qué tipo de producto es.

La estructura de tarifas actual es la siguiente:

Small (1lb or less)	$2.41	Small Oversize (2lb+)	$8.13 + .38c per additional lb
Medium (1lb or less)	$3.19	Medium Oversize (2lb+)	$9.44 + .38c per additional lb
Large (1-2lb)	$4.71	Large Oversize (90lb+)	$73.18 + .79c per additional lb
Special (Over 2lb)	$4.71 + .38c per additional lb	Special Oversize (90lb+)	$137.32 + .91c per additional lb

Las tarifas mensuales de almacenamiento son las tarifas que paga para almacenar sus productos en los almacenes de Amazon. Estas tarifas se basan en la cantidad de pies cúbicos que está ocupando en el almacén de Amazon con sus productos. Mientras tenga productos en su almacén, pagará esta tarifa cada mes.

La estructura actual de la tarifa de almacenamiento mensual es la siguiente:

Months Stored	Standard-Sized Products	Oversized Products
January-September	.64c per cubic foot	.43c per cubic foot
October-December	$2.35 per cubic foot	$1.15 per cubic foot

Hay tarifas especiales que se pagarán en todos los pedidos que se realicen a través de canales que no sean la plataforma de Amazon, que varían según el tamaño y el tipo de producto. Puede descubrir las tarifas relacionadas con sus productos específicos en el sitio web de Amazon a través de la cuenta de su vendedor de FBA.

Capitulo 2: Planificación para el Éxito

El primer paso para generar éxito en cualquier negocio es la planificación. Si desea tener éxito con Amazon FBA, esto no es diferente. Debe estar preparado para planificar el éxito a través de tener la mentalidad correcta y el plan de negocios adecuado para ganar. En este capítulo, exploraremos cómo su mentalidad y su plan de negocios práctico contribuirán a su éxito, y cómo puede asegurarse de que ambos estén en camino para su éxito.

Planificación para la Mentalidad Correcta

Si observa a cualquier propietario de negocio exitoso, su mentalidad es completamente diferente de la de la persona promedio. Esto es cierto para todos los propietarios de negocios, incluidos aquellos que administran negocios en plataformas de comercio electrónico como Amazon con Amazon FBA. Su mentalidad es responsable de apoyarlo con su capacidad de seguir adelante, incluso cuando se siente difícil o como si estuviera luchando por llegar a algún lugar con su negocio. Tener la mentalidad correcta lo ayudará a tener éxito más rápido, ganar más y ampliar su negocio en menos tiempo. Para muchas personas, la mentalidad es la diferencia entre persistir hasta que ganes o renunciar antes de que incluso tengas la oportunidad.

Con Amazon FBA, su mentalidad es lo que lo ayudará a ver su éxito antes de que su cuenta bancaria lo haga, y ese nivel de fe y compromiso para que funcione es crucial. Aquí es donde encontrará el impulso y la inspiración para continuar, de modo que pueda encontrar el camino correcto para su negocio, sin importar el obstáculo o desafío que pueda enfrentar en el camino.

Para una mentalidad emprendedora, hay cinco consejos principales que debe saber para comenzar.

Siga los consejos de las personas adecuadas

A medida que avanza en el proceso de crecimiento de su negocio de Amazon FBA, será crucial saber cómo recibir consejos de otras personas. Cuando se trata de mentalidad, estar dispuesto a tomar consejos y encontrar formas de hacer crecer su negocio a través del apoyo de otros también se conoce como tener una "mentalidad de crecimiento". Esto significa esencialmente que está dispuesto a escuchar a otras personas y recibir orientación de los que te ayudarán a lograr el máximo crecimiento en su propio negocio.

Obtener consejos de otros requiere dos piezas importantes de su parte. La disposición a recibir y actuar según los consejos es una parte crucial del proceso para que pueda permanecer abierto a recibir lo que aprende de los demás. La otra parte es saber cómo asegurarse de que está recibiendo el asesoramiento de las personas adecuadas para obtener la información que necesita para crecer. Cuando se trata de desarrollar su negocio y crecer hasta el punto que desee, es crucial saber cómo evaluar a las personas para asegurarse de que sean la persona adecuada para aprender. Si toma el consejo de las personas equivocadas, puede encontrarse confundido o tomar decisiones que, en última instancia, no son ideales para el crecimiento de su negocio.

Como regla general, nunca tome el consejo de personas que no están experimentando activamente el nivel de éxito que desea experimentar. Aunque ciertamente puede recibir opiniones y puntos de vista alternativos de los demás, solo debe seguir verdaderamente el consejo de aquellos que ya están donde quiere estar. Esto se debe a que estas son las personas que saben lo que se necesita para llegar allí y que pueden darle el consejo que realmente funcionó, desde el punto de vista de alguien que lo hizo funcionar. La clave aquí es que estas personas no solo se lo explicarán, sino que también pueden decirle a qué debe prestar atención para que pueda maximizar su crecimiento y minimizar su riesgo. Saben exactamente cuáles serían los posibles problemas con los que podría encontrarse, cómo verlos venir y qué hacer si se encuentra en estas situaciones. Alguien que aún no haya pasado por el crecimiento y haya logrado el éxito que desea lograr, todavía no lo estaría en este momento. Por lo tanto, serían incapaces de ofrecerte el mejor consejo posible para llevarte a donde quieres ir.

Promociónate con frecuencia

Si alguna vez ha realizado un trabajo de autodesarrollo en torno a la mentalidad, sabe que la forma en que habla consigo mismo tiene un impacto masivo en la forma en que vive su vida. Las personas que hablan bien consigo mismas y sobre sí mismas tienden a ser más felices en general, les resulta más fácil crecer y son más abiertos a la vida y a todas las pruebas y oportunidades que la vida tiene para ofrecer. Alternativamente, las personas que hablan groseramente consigo mismas y sobre sí mismas descubren que son miserables, tienen poca autoconfianza y autoestima, y generalmente sienten que son incapaces de lograr algo en sus vidas. A menudo, sienten que están siendo pisoteados por la vida y los obstáculos y desafíos naturales que las personas generalmente enfrentan en sus vidas.

Para crecer como emprendedor y darse la mejor oportunidad de tener éxito, debe estar dispuesto a tener una mentalidad positiva hacia usted mismo y una actitud positiva hacia la promoción. Hablar amablemente contigo mismo y sobre ti mismo cuando se trata de tus capacidades y calificaciones y cuando se trata de hablar sobre su negocio es una excelente oportunidad para que crezcas su presencia y alcances niveles más altos de crecimiento. Después de todo, ¿cómo va a ser capaz de aprender sobre usted y su negocio si se niega a hablar de sí mismo, o si lo minimiza como si su negocio no fuera tan importante?

Para ayudar a que le resulte más fácil promocionarse ante los demás, es una buena idea comenzar promoviéndose a sí mismo. Aprende a hablar contigo mismo de una manera que promueva lo que haces y que haga que su éxito te parezca increíble. Siéntete cómodo al comentar lo bueno que es su negocio, lo increíbles que son tus productos y lo increíble que eres al servir a su audiencia de la mejor manera posible. De esta manera, se está preparando para lo que se siente al hablar y escuchar estas cosas agradables que se dicen sobre usted y su negocio. En última instancia, esto lo ayudará a aumentar su autoconfianza y autoestima, y lo ayudará a encontrar nuevas formas de promocionarse ante los demás.

Una vez que tenga más confianza para promocionarse a sí mismo, debe comenzar a promocionarse descaradamente a los demás. Aprenda a cultivar el carisma y el tacto cuando se promocione, y luego continúe y hable. Hágales saber a las personas lo que está sucediendo, explíqueles lo que les está haciendo y bríndeles la oportunidad de encontrarlo en línea para que puedan comprar en su negocio. Este nivel de confianza y carisma será de gran ayuda para ayudarlo a hacer crecer su negocio a través de redes y conectarse con aquellos que probablemente estén interesados en comprar en su negocio en primer lugar.

Aproveche sus fortalezas en los negocios

En cualquier negocio del que forme parte, ya sea Amazon FBA o cualquier otra cosa, saber cómo identificar y aprovechar sus puntos fuertes es una oportunidad crucial para que crezca más rápido. Cada persona tiene fortalezas, y las fortalezas de todas las formas y tamaños pueden contribuir al éxito de su negocio. Conocer cuáles son sus puntos fuertes y aprender cómo puede aprovecharlos para ayudarlo a hacer crecer su negocio es una gran oportunidad para que sobresalga en su crecimiento.

Un gran ejemplo de aprovechar sus fortalezas será si es excepcional con la programación y los pedidos. Una persona puntual es increíble para hacer todo a tiempo, lo que significa que vas a sobresalir con Amazon FBA porque puedes asegurarte de que tus pedidos siempre se envíen al almacén a tiempo. Si encuentra que la puntualidad es su fortaleza, siempre puede crear un cronograma sólido que lo ayude a enviar todo a tiempo para que su negocio florezca.

Si encuentra que ordenar y administrar el backend de las cosas es su fortaleza, pero la puntualidad no lo es, entonces puede adaptar la forma en que hace las cosas de manera diferente. En este caso, puede preparar todos sus pedidos y envíos por adelantado para que no se encuentre luchando en el último minuto para hacer todo. De esta manera, está seguro de que está preparado para llevar sus productos al almacén a tiempo cada vez, asegurando que siempre tenga un montón de stock para que sus clientes ordenen

Además de saber cuáles son sus fortalezas y aprovecharlas, también debe saber cuáles son sus debilidades. Tener una comprensión clara de con qué podría tener dificultades o dónde podría fracasar en su negocio puede ayudarlo a usar sus fortalezas para compensar estas debilidades y mantenerlo fuerte. Si no puede compensarlos por completo, al menos puede conocerlos y planificar que tenga tiempo de sobra para navegar en todas las tareas relacionadas con estas debilidades, de modo que siempre esté administrando su negocio de manera constante. También puede planear aprender nuevas habilidades y técnicas para ayudar a que estas debilidades sean menos pesadas para que aún pueda administrar su negocio de manera eficiente y sin problemas innecesarios.

Construye su red

Los emprendedores valoran enormemente el hecho de tener una red sólida, sin embargo, es común que las personas que se encuentran en el mundo empresarial se aíslen e intenten hacer todo solos. Para muchos empresarios, se comportan como si tuvieran algo que demostrar y, por lo tanto, luchan para realmente salir adelante en sus negocios porque siempre están tratando de equilibrar todo sobre sus propios hombros. Aunque esto puede parecer la forma en que tiene que hacer las cosas, confíe en que esta no es la mejor solución y que hacer crecer su red y contar con soporte es la mejor manera de avanzar. Esto no significa que deba atraer socios comerciales o inversionistas para tener éxito, pero sí significa que debe tener una red sólida de personas que puedan ayudarlo a cultivar el éxito en su viaje.

Construir su red como emprendedor requiere que construya su red de una manera estratégica en la que se conectará con personas que pueden ayudarlo y personas a las que usted puede ayudar a cambio. Hacer esto asegurará que todas sus conexiones sean mutuamente beneficiosas y puedan nutrirse para que tenga la máxima posibilidad de lograr el éxito en su negocio.

A medida que construye su red, busque crecer con personas que también venden en Amazon FBA, así como con otros minoristas y empresarios. Nunca desacredite el valor de alguien simplemente porque no está haciendo exactamente lo que está haciendo, ya que todos los que dirigen un negocio activamente tienen la capacidad de brindarle cierto nivel de conocimiento sobre lo que está haciendo. Ya sea que puedan ayudarlo a tener un mayor éxito en la publicidad o ayudarlo a cargar productos en su tienda Amazon FBA y venderlos, todos pueden apoyarlo de una manera u otra. La clave es asegurarse de que comprende por qué está agregando a todos a su red y qué valor puede obtener de ellos para que siempre sepa por qué podría hablar con ellos y qué consejo debería recibir de ellos. Si alguien de su red trata de darle consejos sobre algo que parece estar fuera de su ámbito de experiencia, siempre valide ese consejo con alguien más a quien considere un experto. De esta manera, siempre puede sentirse seguro acerca de los consejos que está obteniendo de las personas en su red.

Siempre sigue aprendiendo

Como mencioné al obtener consejos de otros, una mentalidad de crecimiento es crucial para su éxito. Las personas con una mentalidad de crecimiento tienden a ser más abiertas a recibir consejos, están dispuestas a encontrar soluciones a los problemas que pueden enfrentar y con frecuencia ven la vida como una serie de oportunidades y lecciones en lugar de una serie de contratiempos y fracasos. Si desea tener la mentalidad correcta para tener éxito con su negocio, siempre debe seguir aprendiendo.

Busque oportunidades para mejorar su mentalidad, para aprender más sobre su negocio de Amazon FBA y para aprender más sobre publicidad y negocios en general. Manténgase abierto a las formas en que puede seguir las tendencias en su industria y esté dispuesto a adaptar su plan en consecuencia si ve nuevas oportunidades para mejorar su crecimiento. Cuanto más dispuesto y abierto sea, más detectará las oportunidades de crecimiento en su negocio y, por lo tanto, más crecimiento logrará. La mentalidad de crecimiento y la disposición a permanecer abiertos al aprendizaje es algo que tienen en común prácticamente todos los empresarios que logran un éxito masivo en sus negocios.

Planificación para un Negocio Exitoso

Además de preparar su mentalidad para el crecimiento que desea lograr, también debe planificar el éxito en su negocio. La planificación de un negocio exitoso viene después de cultivar la mentalidad correcta porque, de esta manera, puede sentirse seguro de que va a entrar en el proceso con la voluntad de aprender todo lo que hay que saber para tener éxito. A continuación, le daré cinco pasos clave para que sepa exactamente lo que está planeando y cómo puede planificarlo para que pueda lograr el mayor éxito posible con su negocio.

Conozca lo que está planeando

Lo primero es lo primero, debe saber lo que está planeando. Saber que desea planificar el desarrollo de un negocio de Amazon FBA es un excelente primer paso para comenzar. Sin embargo, debe estar preparado para ir más allá de eso. Debe saber exactamente cuáles son todos los pasos necesarios para planificar un negocio de Amazon FBA, de modo que tenga claro exactamente qué acciones se deben incluir en su plan, lo que le permite lograr el máximo éxito.

A lo largo de este mismo libro, descubrirá los pasos clave que se requieren para planificar un negocio de Amazon FBA, por lo que este es un excelente lugar para comenzar. Sin embargo, para darle una visión general en este momento para que no tenga que esperar tanto tiempo para juntar todas las piezas, le he resumido el proceso a continuación.

Esto es lo que necesitará planear cuando se trata de hacer crecer su negocio de Amazon FBA:

- Elija comenzar su negocio de Amazon FBA
- Identifique cómo funciona Amazon FBA y edúquese sobre el proceso
- Abra su cuenta de vendedor de Amazon FBA
- Marca su tienda Amazon FBA
- Descubre qué productos quieres vender
- Obtenga sus productos y haga que Amazon FBA los apruebe
- Envíe sus productos a Amazon FBA
- Comercialice y venda sus productos a los consumidores.

- Identifique más productos para vender y continúe abasteciendo, enviando, comercializando y vendiendo más productos para que pueda escalar su negocio

Una vez que obtenga una comprensión general de cómo funciona su negocio de Amazon FBA, le resultará mucho más fácil hacer crecer su negocio. Dado que el proceso general de crecimiento y ampliación de su negocio se reduce a saber qué quieren sus clientes y obtener más de ese producto para vender, una vez que haya dado esos pasos, estará listo para el éxito. Todo lo que tendrá que hacer, entonces, es seguir las tendencias y comercializar con éxito todos sus nuevos listados de productos a su audiencia actual. Con este plan en su lugar, simplemente lo sigue una y otra vez, y con el tiempo, su negocio crece al nivel de éxito que desea tener con su negocio.

Cree una visión de meta final

Ahora que sabe exactamente lo que está planeando, necesita crear una visión final del juego. Crear una visión de fin de juego te da la oportunidad de tener un enfoque claro para lo que estás trabajando, lo cual es crucial para su éxito. Si no tiene una dirección clara y una meta para lo que quiere lograr, no se mantendrá comprometido porque no tendrá idea de hacia qué se está trabajando.

Crear su juego final es simple: todo lo que tienes que hacer es preguntarte: "si mi negocio fuera tan exitoso como deseo, ¿cómo sería?" Luego, escribe su respuesta y convierte esto en su objetivo haciendo de esto un objetivo INTELIGENTE.

Para convertir su meta en una meta INTELIGENTE, identifique exactamente hacia lo que está trabajando para que tenga algo específico en qué concentrarse. Por ejemplo, tal vez esté trabajando para tener una tienda que sea lo suficientemente rentable como para que pueda dejar su trabajo diario y obtener sus ingresos exclusivamente de su negocio Amazon FBA.

A continuación, debe hacer que su objetivo sea medible. Para que su objetivo sea medible, debe darle algún tipo de marcador específico que le permita saber que ha logrado su objetivo. Por ejemplo, tal vez su objetivo es ganar $ 5,000 por mes o $10,000 por mes en su negocio de Amazon FBA para que pueda considerarlo lo suficientemente rentable como para dejar su trabajo diario y vivir su estilo de vida ideal. Tener una meta que sea medible lo ayuda a saber cuándo está progresando y cuándo necesita adaptar sus metas para que pueda mejorar en el logro de sus metas en el futuro.

Entonces, debes hacer que su meta sea precisa. Su objetivo debe ser de una forma u otra relevante para su negocio de Amazon FBA para que pueda comprender claramente que los dos están conectados. Si su objetivo no es preciso porque no tiene sentido para su negocio de Amazon FBA, tendrá dificultades para justificar su negocio porque puede parecer una pérdida de tiempo para lograr su objetivo. Haga que sus objetivos sean exactamente relevantes para su negocio para que pueda comprender claramente por qué el negocio importa en primer lugar.

También debe hacer que su objetivo sea realista. Si tiene un objetivo que es aparentemente escandaloso, tendrá dificultades para justificar que realmente es posible lograr ese objetivo. En otras palabras, su objetivo lo intimidará hasta el punto en que nunca lo alcance porque no cree que sea posible. Técnicamente, todas las cosas son posibles. Sin embargo, debe elegir algo en lo que realmente pueda creer para no intimidarse hasta el punto de abandonar antes de tener éxito.

Finalmente, debe darse un cronograma para cuándo va a lograr su objetivo. Aunque es posible que no lo logre necesariamente en ese momento, esto le brinda una línea de tiempo establecida que lo ayuda a sentirse motivado para entrar en acción. Si no tiene una línea de tiempo asociada con su objetivo, puede ser fácil decir "Lo haré más tarde" cuando, en realidad, no lo va a lograr porque cree que se puede hacer en cualquier momento.

Comience al final

Cuando esté listo para comenzar a desarrollar su plan de acción real para el éxito, debe comenzar por el final. Comience con la meta INTELIGENTE que acaba de hacer e invierta en ingeniería qué pasos son necesarios para lograr esta meta. De esta manera, puede identificar claramente lo que se requiere de usted y cómo puede lograr el éxito con su objetivo, y no omite ningún paso ni crea un plan que lo lleve en la dirección equivocada.

Otra parte maravillosa de la ingeniería inversa de su plan es que solo se enfoca en lo que es realmente necesario, en lugar de lo que cree que es necesario. De esta manera, no está agregando pasos adicionales e innecesarios que van a perder su tiempo en lugar de llevarlo hacia su objetivo. Los objetivos de ingeniería inversa son una gran oportunidad para que pueda crear un objetivo directo que lo ayude a tener éxito, así que siempre comience trabajando sus objetivos a la inversa.

Una vez que haya realizado la ingeniería inversa de su objetivo, mírelo yendo en la dirección correcta de principio a fin para asegurarse de que su objetivo tenga sentido. De esta manera, puede sentirse seguro de que está trabajando para alcanzar el éxito en cada paso que da y que no se pierde nada y no se pierde nada en el cuadro de su plan.

Planee tener luchas

Todos los planes, sin importar cuán bien elaborados, tengan problemas e inconvenientes inesperados. Incluso algo tan simple como planear tomar un baño en la noche después del trabajo puede salir mal cuando llegue a casa y darse cuenta de que varias otras cosas exigen su tiempo y atención, lo que hace que su horario esté lleno y no le quede tiempo para bañarse. Los planes siempre salen de curso y las luchas siempre surgirán, y aceptar ese hecho desde el principio es una excelente manera de asegurarse de que está preparado para cualquier lucha que pueda enfrentar en el camino. Esto se trata tanto de la preparación mental como de la preparación práctica real en sus planes.

A medida que cultive su plan, asegúrese de mirar los desafíos más probables que enfrentará en el camino. Identifique cuáles son esos desafíos e identifíquelos en su plan para que ya sepa cuáles son estos posibles desafíos antes de tiempo. En muchos casos, solo conocer el potencial de que surjan estos desafíos es suficiente para evitarlos una vez que llegue a ese punto en su plan a través de la preparación y la planificación.

También debe planear tener suficientes recursos disponibles para navegar cualquier desafío que pueda enfrentar en su camino hacia el éxito. Por ejemplo, tener comerciantes adicionales disponibles y fondos adicionales disponibles es una excelente manera de asegurarse de que si sus suministros se agotan en un comerciante, puede obtenerlos en otro lugar. Esto también garantiza que si tiene un problema de flujo de efectivo en su negocio desde el principio, ha ahorrado fondos para ayudarlo a lidiar con ese flujo de efectivo en lugar de dejarlo alto y seco. Este tipo de planificación es importante ya que ayuda a mantener el rumbo de su éxito.

Deje los detalles para más tarde

Finalmente, una vez que haya creado el esquema general de su plan, debe asegurarse de ver esto como una guía. Intentar planificar cada pequeño detalle con el que se involucrará desde ahora hasta que alcance su objetivo solo va a desperdiciar una cantidad significativa de tiempo porque simplemente no puede saber con tanta anticipación. Al final, te encontrarás arreglando y revisando tus datos una y otra vez, lo que solo te hará sentir que has perdido una gran cantidad de tiempo.

La forma más inteligente de usar su plan es verlo como la guía que seguirá a medida que avanza hacia su línea de meta. De esta manera, deja espacio para la flexibilidad y está preparado para hacer los ajustes necesarios a medida que avanza hacia su objetivo. Tampoco pierde el tiempo en sus ajustes, ya que no tiene que ajustar varios elementos pequeños de su plan detallado, sino que puede ajustar su estructura y plan para sus detalles a medida que avanza.

Cuando llegue a cada nuevo hito de su plan, puede seguir adelante y planificar cada detalle en torno a ese hito en particular para ayudarlo a avanzar. Considere esto como la parte a corto plazo de su plan, ya que cada hito sirve como un objetivo hacia su objetivo más amplio. De esta manera, si encuentra que necesita ajustar los detalles, solo está ajustando una pequeña cantidad de detalles en su plan inmediato, en lugar de intentar ajustar todos sus detalles.

Otra forma en que esto le ahorrará tiempo es evitando que tenga que investigar todo por adelantado, lo que puede llegar a ser abrumador rápidamente. En lugar de investigar cada pequeño detalle, puede seguir adelante e investigar solo lo que sea relevante para sus objetivos inmediatos, lo que le permite comprometerse plenamente con esos objetivos y mantener su enfoque claramente en lo que debe hacerse en este momento. Una vez hecho esto, puede comenzar a investigar el siguiente paso y esbozar sus detalles para ese paso, lo que le permite avanzar de una manera que no sea abrumadora y que lo ayude a mantenerse al día con lo que pretende lograr con su negocio.

Capitulo 3: Por qué Amazon FBA es Superior

Ahora que su mentalidad está lista y tiene una idea clara de cómo planificar su negocio, es hora de que identifique por qué Amazon FBA es probablemente la mejor opción para su negocio. Naturalmente, si desea iniciar un negocio, quiere sentirse seguro de que la plataforma con la que va a iniciar su negocio es la opción correcta para usted. Aunque he escrito este libro sobre cómo iniciar un negocio de Amazon FBA y quiero apoyarlo en el lanzamiento de uno, vale la pena señalar que también debe hacer su propia investigación sobre este tema. A continuación, describí por qué siento que Amazon FBA es superior a la administración de su propia tienda de comercio electrónico en línea, donde administra y supervisa todo por su cuenta. Sin embargo, siempre puede realizar una investigación adicional sobre este tema en otro lugar para asegurarse de obtener una opinión imparcial y completa sobre la plataforma que debería utilizar.

Al final del día, está planeando administrar un negocio, y debe tomar esto en serio. Aprender a hacer la investigación por usted mismo y cultivar su propia confianza en las plataformas que está utilizando y las decisiones que está tomando es crucial ya que este negocio es completamente suyo. Si no comprende por qué está tomando una decisión o si no está completamente seguro de la decisión que está tomando, debe reducir la velocidad y hacer una pausa antes de seguir adelante. Después de todo, ¡usted es el responsable aquí!

Para ayudar a mantener esto claro y proporcionarle una imagen completa, les he explicado por qué creo que Amazon FBA es superior y qué problemas o desventajas pueden enfrentar al usar Amazon FBA. De esta manera, puede ver exactamente por qué esta plataforma es increíble y dónde puede no ser la mejor plataforma que existe, lo que le brinda una visión honesta de qué esperar. Dicho esto, sigo creyendo que Amazon FBA es una plataforma increíble, ¡y las miles de personas que ganan dinero cada mes lo ven también como una plataforma increíble!

Beneficios de Amazon FBA sobre el funcionamiento de su propia tienda

En primer lugar, quiero abordar el hecho de que Amazon FBA no es la única plataforma de comercio electrónico disponible para usted. Sin embargo, es la plataforma líder para cualquiera que quiera que sus envíos sean realizados por alguien que no sea ellos mismos, lo cual es una ventaja que no tienen muchas otras plataformas.

Además de eso, aquí hay algunos beneficios más para que usted considere.

Alcance internacional

Uno de los mayores beneficios de usar Amazon sobre la administración de su propia tienda de comercio electrónico en línea es que Amazon le brinda alcance internacional de inmediato. Aunque puede llegar a una audiencia internacional con su propia plataforma, el costo de la publicidad en tantas regiones sería astronómico. Con Amazon FBA, se le presenta automáticamente a una audiencia internacional sin costo adicional para usted porque Amazon comercializa a una audiencia internacional.

Tener acceso a una audiencia internacional significa que, en lo que respecta a las ventas, usted es capaz de llegar a una audiencia potencial prácticamente sin límites. Este tipo de crecimiento también es más rentable, lo que significa que no tendrá que ahorrar ni alcanzar ciertos márgenes de beneficio para comenzar a comercializar y vender a su audiencia internacional.

Adquisición de clientes más fácil

El objetivo principal de Amazon es lograr que más personas accedan a su sitio web para comprar productos a través de sus comerciantes. Ya sea que venda a través de FBA o como un comerciante estándar, Amazon hará un porcentaje de cada una de sus ventas, lo que significa que se les paga cada vez que le pagan. Por esa razón, Amazon quiere atraer tantos clientes a su sitio web como sea posible para que compren a sus comerciantes como usted.

Dado que Amazon está haciendo todo el trabajo de atraer clientes a su sitio web, todo lo que tiene que hacer es comercializar a los clientes que llegan a su sitio web con éxito. De esta manera, compran con su tienda en cualquier otra tienda que se comercialice en Amazon, lo que le permite tener las mejores ventas. Si trabaja con las funciones publicitarias de Amazon y patrocina anuncios para sus productos, el proceso de atraer clientes a su página de productos es prácticamente sin esfuerzo y requiere muy poco tiempo y energía de su parte para lograrlo.

Punto de venta incorporado

Amazon es una plataforma lista para usar, lo que significa que todo ya está hecho para ti. Todo lo que tiene que hacer es cargar sus productos en su tienda, marcar su tienda y hacer clic en "ir". La plataforma de Amazon reunirá sus páginas oficiales de productos y organizará su tienda por usted. Todo, desde la página del producto hasta la forma en que está organizado en la plataforma de Amazon, hasta las funciones de punto de venta para que la gente vea, ya está hecho para usted, lo que significa que no tiene que hacerlo usted mismo o contratar a alguien para que lo haga.

Si nunca antes ha creado un sitio web, incluso usar plataformas de sitios web de hacer clic y crear para crear su propia tienda de comercio electrónico puede ser algo complicado. Puede hacer muchas cosas, desde elegir a través de qué plataforma cobrar los pagos y cómo, y organizar todas las funciones de fondo como cuándo se realizan los cargos y cómo se procesan los reembolsos si es necesario. Con todo, hay mucho trabajo técnico que se realiza solo en el punto de venta, sin importar el desarrollo de páginas de productos y otras partes técnicas para administrar una tienda de comercio electrónico. Tener todo ya hecho e integrado en su tienda web es extremadamente útil, ya que le ahorra el dolor de cabeza de tener que aprender usted mismo o el enorme gasto de tener que contratar a alguien para que lo haga por usted.

Características de Amazon Prime

Como discutimos anteriormente, Amazon Prime es una característica que está disponible para los comerciantes de Amazon FBA. De hecho, tan pronto como te conviertes en un comerciante de Amazon FBA, desbloqueas los beneficios de Amazon Prime. Con Amazon, ya llevan a muchos clientes a su sitio web para comprar productos en su plataforma. También conducen mucho más a las membresías de Amazon Prime para que sus clientes puedan desbloquear dulces beneficios como Amazon Video, Amazon Music, envío gratuito de 2 días y otras características increíbles. La razón simple es que Amazon Prime le gana a Amazon una cantidad significativa de dinero en cuotas de membresía, y también ganan más con los cumplimientos de Amazon FBA.

Si bien su factor de conducción es el dinero, este también debería ser su factor de conducción. Los beneficios de Amazon Prime para sus clientes significan que es mucho más probable que vean su tienda debido al algoritmo y que tienen un incentivo adicional para comprar debido a todos los beneficios adicionales. Al final del día, Amazon Prime puede ser un gran beneficio para comerciantes y clientes por igual, lo que puede generar mayores ventas al final.

Logística sin complicaciones

Intentar elegir, empaquetar, enviar y monitorear todos sus pedidos por su cuenta puede ser un desafío. Las corporaciones masivas, como Amazon, tienen sistemas complejos que utilizan para enviar y monitorear pedidos todos los días, e incluso aún existe la posibilidad de que las cosas se pierdan o se dañen en el camino. ¿Te imaginas intentar replicar sus complejos sistemas por su cuenta? No sería factible. Para empezar, esto supondría una gran presión sobre sus hombros para tener que llegar a las instalaciones de envío de forma regular para llevar los productos a sus clientes. También significaría que usted es responsable de sus propios errores, que son inevitables cuando gestiona tantos envíos y puede ser costoso si usted mismo asume esa responsabilidad. Además, esto simplemente no es escalable si desea hacer crecer su negocio a menos que quiera vivir prácticamente en la planta de envío donde puede enviar productos de forma constante. ¿Y contratar a alguien para que te ayude? No vale la pena la inversión.

Amazon FBA ofrece una logística sin problemas al lidiar con prácticamente todo lo relacionado con el inventario. Como sabe, son responsables de recibir sus productos de su comerciante, organizar sus productos, recogerlos y empaquetarlos para pedidos, enviarlos, monitorearlos y ocuparse de todo lo relacionado con devoluciones o cambios. Esto quita mucho de sus propios hombros y los hace responsables de cualquier percance que ocurra durante el proceso de envío.

Desventajas de Amazon FBA

Aunque Amazon FBA es una plataforma increíble con muchas características maravillosas, definitivamente hay cosas que considerar en lo que respecta a las desventajas. Amazon FBA puede tener inconvenientes que hacen que la plataforma sea un tanto difícil de navegar, o que tal vez les lleve más tiempo a los recién llegados aprender a usar la plataforma de manera eficiente. Reconocer estas desventajas de antemano puede ayudarlo a determinar si está dispuesto a lidiar con estas desventajas. También puede ayudarlo a prepararse y planificarlos para que no representen un riesgo significativo para usted en el futuro al convertirlo en un propietario de negocio informado.

Inventario difícil de monitorear

Lo primero es lo primero, puede ser algo difícil monitorear y administrar el inventario con Amazon FBA si no sabe cómo usar el sistema. Aunque Amazon hace todo lo posible para mantener todo actualizado y organizado a través de su propio sistema de seguimiento, si no está creando su propio sistema de seguimiento, puede ser una molestia saber qué debe pedirse y cuándo.

La mejor manera de superar esta desventaja es configurar un sistema para que administre y monitoree sus productos de manera consistente. De esta manera, cuando sus productos necesitan ser pedidos nuevamente, usted sabe lo que debe pedirse, cuándo y cuántos. Recuerde, al final del día, los sistemas de Amazon son para Amazon. Utilizan sus sistemas de seguimiento y gestión de inventario como una herramienta para ayudar a sus empleados de cumplimiento a encontrar los productos que necesitan para completar los pedidos. Tendrá que idear su propia forma de monitorear y administrar el inventario para poder satisfacer sus propias necesidades, como mantener los artículos populares en stock y pedir nuevos productos.

Aumento potencial en devoluciones

Amazon FBA ofrece una política de devoluciones fácil para que si a su cliente no le gusta lo que ha pedido, puede devolverlo fácilmente para obtener un reembolso. Cuando ejecuta su propia tienda de Amazon, puede elegir sus políticas de devolución y, en general, es más difícil facilitar las devoluciones de todos modos porque está utilizando compañías de envío privadas más pequeñas. Esto significa que las devoluciones generalmente no se facilitan porque las personas no están interesadas en tratar con la política de devolución más compleja que ofrecen los comerciantes más pequeños. Sin embargo, con Amazon FBA, el retorno fácil es parte de su función Amazon Prime, y más personas tienden a usarlo debido a lo fácil que es.

Este aumento en la facilidad podría significar un aumento en las devoluciones de productos, especialmente si está vendiendo productos de baja calidad o que se describen incorrectamente en su plataforma. Esto significa que podría tener más dificultades para vender productos y mantener sus ventas si no tiene cuidado. La mejor manera de mitigar este riesgo es asegurarse de que siempre esté verificando la calidad y vendiendo productos de alta calidad a sus clientes y que las descripciones sean precisas. De esta manera, es menos probable que obtenga devoluciones.

Gastos y tarifas adicionales

Todos los beneficios adicionales de Amazon FBA ciertamente vienen con mayores tarifas y gastos. Como discutimos anteriormente, hay ciertas estructuras de tarifas y horarios con los que tendrá que trabajar para utilizar esta plataforma para administrar su negocio. Por supuesto, para muchas personas, toda la conveniencia adicional bien vale la inversión, especialmente dado que de todos modos es probable que al final sigas siendo rentable. Aunque puede reducir sus ganancias, puede resultar más barato a largo plazo debido a que no tiene que gastar tanto en su propio inventario de almacenamiento y tarifas de envío.

Otra forma en que esto puede verse como un beneficio es que solo está pagando gastos a una compañía, Amazon, en lugar de a varias compañías entre el envío, el almacenamiento, el empaquetado de materiales y otros. Al final, puede ser mucho más fácil de monitorear y también puede resultar mucho más barato. Por esa razón, este gasto a menudo se considera una desventaja y una bendición para los comerciantes, ya que existe, pero también tiene muchos beneficios positivos.

Difícil Preparación de Envío

Hasta que aprenda cómo, navegar el proceso de envío para llevar sus productos desde su proveedor a las instalaciones de almacenamiento de Amazon FBA puede ser bastante desafiante. Primero, necesita descubrir en qué instalación debe enviar sus productos para que pueda obtener sus productos allí en primer lugar. De esta manera, puede brindarle a su proveedor la información correcta para llevar sus productos a las instalaciones de Amazon FBA. Luego, también debe asegurarse de que sus productos sean compatibles y de que estén registrados en Amazon para recibirlos. Si sus productos no cumplen con los requisitos y tienen códigos de identificación incorrectos, Amazon rechazará el envío y se lo devolverá a su proveedor. Esto puede llevar a un proceso costoso y prolongado para que sus productos vuelvan a enviarse a Amazon con los códigos de producto adecuados registrados esta vez.

Las primeras veces que pasa por el proceso puede ser un desafío, lo que puede hacer que esta sea probablemente una de las curvas de aprendizaje más difíciles de tener una tienda Amazon FBA para empezar. Sin embargo, una vez que navegue este proceso varias veces, verá que se vuelve más fácil. Todo lo que debe tener especial cuidado son los códigos de producto, para evitar que Amazon rechace los envíos cuando lleguen a las instalaciones.

Mayor competencia

Amazon hace un gran trabajo para atraer a los clientes a su sitio web, pero eso no significa que estén llevando a sus clientes a su tienda. A menos, por supuesto, que su tienda sea relevante y tenga una alta calificación positiva con sus clientes, en cuyo caso Amazon lo clasificará más alto en su algoritmo. Al final del día, Amazon quiere llevar a sus clientes a las mejores tiendas de comerciantes para que puedan comprar excelentes productos y tener una experiencia positiva. Esto es lo que proporcionará a Amazon los clientes que regresan, lo que a su vez proporciona a sus comerciantes como usted clientes que regresan. Naturalmente, también va a atraer clientes a su tienda a través de sus propios esfuerzos, pero generalmente así es como funciona en Amazon.

Debido a esto, puede ser un desafío hacer que todos lleguen a su tienda en lugar de a la tienda de su competencia. Todos sus competidores están luchando por las mismas ventas por las que usted está luchando, lo que significa que puede tomar mucho trabajo hacer que las personas elijan su tienda en lugar de la de otra persona. Especialmente al principio antes de construir una reputación, esto puede ser una parte difícil del proceso de navegación.

La mejor manera de compensar esta desventaja es construir una marca sólida y una reputación de marca al tiempo que hace que el reconocimiento de la marca sea una prioridad para usted. Todo esto se puede hacer tomando su marketing en sus propias manos y haciéndose un nombre mientras conduce a su audiencia directamente a su propia tienda. De esta manera, las personas saben quién es usted y es más probable que confíen en usted sobre otros comerciantes en Amazon, lo que significa que es más probable que obtenga las ventas.

Posible valor percibido reducido

Aunque esto tiende a variar de una tienda a otra, algunas personas creen que los productos que se venden y envían en Amazon son de menor calidad que los productos que se venden en otros lugares. Si está intentando dirigirse a un público que prefiere experiencias de tipo de compras locales más pequeñas, es posible que tenga dificultades para atraer a su audiencia a su tienda en primer lugar porque pueden verlo como de mala calidad.

Este menor valor percibido que tiende a acompañar la reputación de Amazon a menudo proviene del hecho de que hay muchos comerciantes que venden productos falsificados o imitaciones, así como muchos que obtienen productos de baja calidad de proveedores baratos en el extranjero. Aunque ciertamente puede obtener de proveedores extranjeros más baratos, depende de usted como comerciante asegurarse de que los productos que está obteniendo sigan siendo lo suficientemente valiosos como para ser comprados y conservados por su audiencia. Si no está siendo cauteloso al respecto, es posible que tenga muchas devoluciones y pierda su propia reputación directamente desde el salto al ser un comerciante descuidado de baja calidad en Amazon.

La mejor manera de compensar esta desventaja es crear una marca para usted y diferenciarse del primer día. Asegúrese de hacer un esfuerzo para tener productos de calidad, y asegúrese de que sus clientes vean este esfuerzo para que sepan que se enorgullecen de su tienda. De esta manera, verán que tiene una tienda de alta calidad y, por eso, confiarán en su tienda y probablemente elegirán sus productos en lugar de los de cualquier otra persona.

Capitulo 4: Comenzando con Amazon FBA

¡Es la hora! ¡Ahora es completamente consciente de lo que se está metiendo, tiene una idea clara de cómo puede prepararse para su tienda y está equipado con la mentalidad de un ganador! Si ha llegado hasta aquí y todavía se siente seguro de que Amazon FBA es adecuado para usted, ¡entonces está listo para comenzar a construir su tienda y obtener ganancias de la plataforma Amazon FBA!

Como se prometió, este libro es paso a paso, por lo que vamos a comenzar con el primer paso muy básico: abrir su cuenta y configurarla para que pueda administrar su tienda.

Qué Saber antes de Comenzar

Antes de comenzar a configurar su cuenta, es importante que sepa qué opciones de cuenta están disponibles para usted. Cuando configure su cuenta, notará que está invitado a iniciar una cuenta "individual" o una cuenta "profesional". Si desea tener un negocio en el que pueda escalarlo y usar Amazon FBA, debe registrarse para obtener una cuenta profesional. Esta cuenta viene con una tarifa mensual de $ 39.99 a partir de 2021, y esto le brinda todos los beneficios de la plataforma Amazon, incluido tener su propio escaparate para que las personas compren a través de.

Si elige abrir una cuenta individual gratuita, no tendrá todos los beneficios de poder escalar su negocio o usar las funciones de Amazon FBA. Aunque podrá vender en Amazon por su cuenta, no podrá acceder a las funciones que necesita para ejecutar una cuenta FBA. Por esa razón, no debe seguir esta ruta cuando configure su cuenta a menos que planee administrar una pequeña tienda de pasatiempos por su cuenta.

Configurando su Cuenta

Cuando esté listo para comenzar, puede abrir su cuenta de Amazon FBA yendo al sitio web de Amazon y desplazándose hasta la parte inferior de su página y seleccionando el botón que dice "Gane dinero con nosotros".

Al seleccionar esa función, se le guiará a través de un proceso paso a paso para iniciar su cuenta de Amazon FBA. Esto comenzará con información básica, como ingresar su dirección de correo electrónico, elegir una contraseña y completar información básica sobre qué tipo de tienda desea abrir y qué productos va a vender en su tienda.

Esta parte del proceso es increíblemente sencilla y es quizás la parte más fácil de todo el proceso. Descubrirá que Amazon lo hace fácil al brindarle un tutorial paso a paso completo que le garantiza que complete toda la información correcta de la mejor manera posible.

Capitulo 5: Elegir sus Productos

Con su cuenta de Amazon FBA abierta y organizada, el siguiente paso en el que debe trabajar es elegir sus productos y establecer su marca. Su marca debe establecerse en torno a sus productos para que tenga sentido, por eso nos centraremos en cómo puede elegir sus productos primero.

Debido a que está abriendo una tienda como comerciante minorista, los productos que elige vender son la diferencia entre el éxito y el fracaso con este modelo de negocio. Si elige los productos incorrectos, tendrá dificultades para venderlos o no podrá obtener una sola ganancia a largo plazo. De hecho, incluso puede encontrarse pagando más por esos productos de lo que gana a cambio, lo que resulta en que realmente pierda dinero a través de este modelo de negocio.

Afortunadamente, contratiempos como ese solo suceden si no haces su investigación y no tienes idea de lo que estás buscando. Dado que está leyendo este libro, obtendrá información sobre todo lo que necesita saber sobre el abastecimiento de productos para evitar pagar el precio al final.

En este capítulo, vamos a recorrer el proceso de elegir qué productos va a vender y encontrar un lugar para obtenerlos.

También vamos a discutir consideraciones importantes sobre las características de personalización, que es una opción que tiene la capacidad de hacer que sus ventas de productos sean más altas que las de cualquier otra persona. Finalmente, discutiremos cosas importantes que debe considerar acerca de cómo se transportarán sus productos al almacén de Amazon.

Decidir sobre su Categoría de Producto

Lo primero que debe hacer antes de comenzar a elegir productos específicos para vender en Amazon es decidir en qué categoría desea vender productos. Amazon ofrece toneladas de categorías diferentes para que venda, muchas de las cuales tienen un éxito enorme y ofrecen excelentes potencial para que su negocio prospere. Por esa razón, ¡tendrás que elegir una categoría para ti en función de lo que te interesa y en qué quieres cultivar una marca!

Al elegir una categoría, hay algunas cosas que querrás considerar. Naturalmente, no todas las categorías ofrecerán potencial de crecimiento y rentabilidad masiva, por lo que querrá considerar el crecimiento y el potencial de ganancias para su categoría ideal. Puede hacerlo simplemente buscando las tendencias de su categoría ideal en su motor de búsqueda favorito y viendo cómo se desempeña cada industria en general en el mundo del comercio electrónico. De esta manera, puede tener una buena idea de lo que ofrece crecimiento y lo que no.

También debe considerar en qué categoría estará más interesado en trabajar a largo plazo. Incluso si está planeando construir una tienda completamente pasiva que sea en su mayoría pasiva, todavía querrá tener una tienda que venda productos que le interesen. De esta manera, será más fácil hablar sobre sus productos y promocionar su tienda desde el principio, ofreciéndole la mayor oportunidad de lograr que la gente vea sus productos en primer lugar. Si intenta comercializar su tienda y está vendiendo productos que no le interesan o que no conoce, tendrá dificultades para que alguien escuche.

De hecho, no saber mucho sobre sus productos o industria puede ser un problema mayor que solo las dificultades de marketing. No saber lo que está vendiendo puede hacer que no sepa qué buscar cuando se trata de encontrar artículos de alta calidad que, a la larga, pueden disminuir por completo el éxito de su tienda. Debe tener al menos un conocimiento básico de lo que está vendiendo para poder ofrecer productos de alta calidad.

Si no tiene idea de dónde comenzar a encontrar la categoría correcta que cumpla con estos requisitos, ¡el sitio web de Amazon es un gran lugar! Una excelente manera de investigar sus categorías más populares es simplemente ir a su sitio web y ver qué existe en su página principal. Todas sus categorías y productos más populares se mostrarán aquí para que su audiencia los vea. Buscar en esta página puede darle una gran idea de lo que es popular y lo que la gente está buscando para que pueda elegir una categoría que le interese y atraiga a una gran audiencia cada mes.

Elegir Productos Exactos para Vender

Una vez que tenga una idea de la categoría en la que desea vender, debe elegir exactamente qué productos desea almacenar en su tienda. Al abrir su tienda, idealmente, desea tener 5-10 productos disponibles para que sus clientes los compren para que tengan mucho para elegir. La elección de cada producto seguirá el mismo procedimiento que el que se describe a continuación, así que repita este proceso varias veces hasta que tenga 5-10 productos elegidos para su tienda.

El primer paso para elegir un producto para vender es reducir sus productos a los que realmente encajarán en su categoría.

Luego, debe identificar qué productos son los más populares en su categoría para asegurarse de que haya una demanda lo suficientemente fuerte para el producto que finalmente va a elegir vender. En este punto, debe tener en cuenta los 10-15 productos principales en la categoría elegida para tener una idea clara de qué productos están funcionando bien. A través de esto, verá tanto los productos exactos que están funcionando bien como las tendencias que existen en los mejores resultados para que sepa qué especificaciones buscar con sus propios productos.

Con una buena cantidad de productos populares en su radar, ahora necesita comenzar a reducir esos productos para descubrir cuál será su mejor opción para vender. Hay algunas cosas que querrá buscar para calificar los productos por ser dignos de su inversión a la hora de venderlos.

Primero, desea ver cómo las personas responden a esos productos. Puede comenzar buscando cada producto en Amazon y tener una idea de cuáles son las revisiones generales y si a las personas realmente les gusta el producto al comprarlo. Revise varios listados para asegurarse de obtener una visión completa de si el producto es realmente deseable o no por las personas que lo compran.

A continuación, desea ver el contenido de esas revisiones. Presta atención a lo que dice la gente, especialmente cuando dice algo que critica el producto. Si descubre que las personas desean que el producto tenga diferentes características u opciones o que venga en diferentes colores o estilos, anótelo. Si encuentra que varias personas se quejan de algo en común, escríbalo. Presta mucha atención a las oportunidades para que puedas mejorar el producto en su propia tienda para que tengas una ventaja competitiva sobre las personas que ya están vendiendo el mismo producto en Amazon. De esta manera, puede acentuar estas ventajas competitivas en su listado de productos, dándole la oportunidad de llenar el vacío de productos que otros comerciantes han hecho hasta ahora.

Un elemento final de las revisiones a las que desea prestar atención es la cantidad de revisiones que recibe cada producto. Si observa un producto y hay cientos de revisiones sobre cada producto, suponga que esa parte del mercado ya está cubierta y que no tendrá una gran ventaja competitiva al llegar tarde al juego. A diferencia de esos otros listados, no tiene una buena reputación de vendedor, ninguna clasificación de credibilidad ni nada que lo ayude a alcanzar el éxito en su tienda. En lugar de tratar de competir con personas que ya lo están matando, busque productos que tengan entre 30 y 50 comentarios. Si el producto más vendido de Amazon en una búsqueda de listado recupera de 30 a 50 comentarios, puede estar seguro de haber encontrado un producto popular que actualmente no existe en un mercado saturado. Esto significa que tiene muchas más posibilidades de lograr fuertes ventas con este producto que si intentara sumergirse en un mercado saturado.

Más allá de las revisiones, también hay algunas plataformas excelentes que puede utilizar para ayudarlo a identificar qué productos son una buena oportunidad de venta. JungleScout, por ejemplo, es una plataforma que puede usar que lo ayudará a calificar los productos al brindarle estadísticas importantes sobre ellos que se obtienen directamente del sitio web de Amazon. A través de esta plataforma, puede encontrar cómo se clasifican los productos, cuáles son sus tendencias y si es probable que obtengan una buena ganancia. Esta es una excelente manera de profundizar aún más en los detalles de su producto para que pueda encontrar los mejores productos para vender.

Finalmente, antes de agregar cualquier producto a su tienda, siempre debe probar ese producto usted mismo. Busque un producto en Amazon que sea un competidor directo para el producto que desea vender y solicite una unidad. Pruebe el producto y obtenga una experiencia práctica sobre si realmente le gusta o no el producto y si vale la pena la inversión. Esta es una gran oportunidad para que usted vea cómo es la calidad del producto, si realmente puede respaldarlo o no, y si es probable que las personas lo compren. Además, puede determinar por sí mismo qué características le gustaría ver en sus propias unidades para que sean de mayor calidad y valgan más la inversión, ofreciéndole la oportunidad de personalizar su ventaja competitiva de una manera poderosa.

La última parte de elegir productos para vender en su tienda es determinar cuál será la rentabilidad de cada producto. Puede hacer esto identificando posibles fuentes para el producto utilizando la guía a continuación y luego buscando en Amazon para ver para qué unidades competitivas se venderán. Asegúrese de estar factorizando los precios modestamente, ya que incluso una unidad superior no se venderá por mucho más que el promedio del mercado para los productos en la categoría elegida. Esto lo ayudará a determinar un margen de beneficio más verdadero para lo que probablemente recibirá una vez que compre y comience a vender el producto usted mismo.

En general, la mayoría de las personas apuntan a tener un margen de beneficio que será del 30% o más, y la mayoría de los comerciantes prefieren un margen de beneficio del 50% o más. Esto asegura que obtendrá una ganancia lo suficientemente alta en sus productos para que pueda escalar su negocio y conservar algunas de las ganancias para usted. En este caso, invertirías su capital más un 15-25% y ahorrarías un 15-25% como ingreso personal de tus ganancias.

Abastecimiento de sus Productos

La compra de productos para su tienda de Amazon es realmente increíblemente simple. Aunque hay muchas maneras de hacerlo, la forma más común de hacerlo que le ahorrará mucho dinero es a través de Alibaba. Alibaba es algo así como una plataforma de Amazon para que mayoristas y proveedores vendan sus productos a minoristas que venden tanto en comercio electrónico como en tiendas físicas. En la plataforma, busca el producto que desea vender y encuentra un proveedor que comprará para llenar su tienda Amazon.

Encontrar un proveedor en Alibaba es simple porque le da acceso a miles de proveedores que tienen varias opciones para que compre en su tienda para llenar la suya. También tiene la oportunidad de comparar comerciantes para encontrar los que le darán las mejores ofertas y los productos de la más alta calidad en función del presupuesto con el que ingresará a su tienda. Aunque hay otras formas de encontrar comerciantes, esto tiende a ser más fácil ya que la mayoría de los proveedores tienen sitios web de baja calidad que pueden ser bastante difíciles de navegar. Sin embargo, Alibaba ofrece todo de una manera organizada y fácil de navegar que hace que la compra de productos sea sencilla.

Cuando se trata de elegir con qué proveedor va a ir, hay varios factores que debe tener en cuenta para asegurarse de obtener el mejor trato posible. A continuación, le daré detalles sobre qué buscar para ayudarlo a elegir el mejor proveedor que sea confiable y que ofrezca productos de la más alta calidad en su tienda. De esta manera, usted sabe exactamente qué buscar y puede comprar desde Alibaba con confianza.

Lo primero que debe hacer al buscar un proveedor en Alibaba es buscar uno que pueda proporcionarle exactamente lo que está buscando. Naturalmente, si un proveedor no puede darle exactamente lo que necesita, esto significa que probablemente no será el proveedor con el que desea trabajar. Limite su búsqueda al encontrar proveedores que vendan exactamente lo que está buscando, hasta las personalizaciones específicas que necesita para su producto.

Otra gran idea cuando se trata de obtener productos en Alibaba es buscar dónde se produce realmente el producto elegido, y no solo las áreas donde se vende. Si puede investigar e identificar dónde se produce realmente el producto, puede reducir el alcance de su búsqueda para proporcionarle solo proveedores ubicados en esa región. Es probable que los proveedores ubicados fuera de esa región sean intermediarios y cobren más porque compran productos de proveedores y luego los venden nuevamente para obtener una ganancia adicional.

Una vez que tenga proveedores que cumplan con los criterios anteriores, puede comenzar a escanear la calidad de cada proveedor. Debes asegurarte de elegir un proveedor que constantemente ofrezca productos de mayor calidad para no tener problemas más tarde cuando vendas los productos a tus propios clientes. Puede calificar a los proveedores al observar sus otros productos y tener una idea de lo que venden en general. Idealmente, el proveedor que compre debe estar especializado en su industria, no combinar varias industrias diferentes en lo que producen. Por ejemplo, si está buscando artículos de indumentaria y descubre que su proveedor también produce equipos y equipos tecnológicos, es probable que no estén proporcionando artículos de alta calidad. Su proveedor elegido solo debería estar produciendo productos para su industria, ya que esto demuestra que están enfocados en tener un buen desempeño en esa industria y, por lo tanto, es probable que sus productos tengan una calidad mucho mayor.

Además de prestar atención para asegurarse de que se mantienen fieles a la industria adecuada, también lea detenidamente las descripciones de sus productos. Las compañías profesionales darán un gran detalle sobre sus productos para que tenga claro lo que está comprando y recibiendo de su compañía. Las compañías no profesionales con las que será más difícil trabajar y que probablemente tendrán productos de menor calidad tienden a dar detalles vagos sobre sus productos o proporcionarán detalles que aparentemente son irrelevantes sobre el producto en sí porque están tratando de hacer una venta.

Otra parte importante de trabajar junto con proveedores en Alibaba es la comunicación y la correspondencia. A diferencia de comprar para usted donde simplemente elige lo que quiere, paga y lo envía, los proveedores serán alguien a quien comunique con bastante regularidad. Cuando trabaja con un proveedor para abastecer su negocio, debe sentirse seguro acerca de la correspondencia que comparte. Busque proveedores que sean fáciles de comunicar enviándoles algunas preguntas sobre sus productos y sobre cómo funciona el proceso cuando trabaja con ellos. Luego, presta atención a las respuestas que te dan. Una empresa profesional responderá clara y directamente a sus preguntas de una manera fácil de entender. Las compañías no profesionales proporcionarán respuestas extrañas, no responderán directamente a sus preguntas o dejarán en claro que están más enfocadas en la venta que en brindarlc un servicio y productos de calidad. Evite a los que responden de manera no profesional.

Cuando elija qué preguntas hacer a sus proveedores, asegúrese de hacer preguntas que realmente determinen si están calificados o no. Hágales preguntas como cuánto tiempo han estado en el negocio, cómo es su proceso, cómo verifican la calidad y otras preguntas que los calificarán como su proveedor. A medida que comience a recibir respuestas a estas preguntas, podrá compararlas, y se volverá increíblemente obvio sobre quién está bien informado y quién brinda servicios de alta calidad y quién no.

Finalmente, preste atención a algunas de las calificaciones disponibles para cada vendedor. Cada proveedor en Alibaba tendrá calificaciones y reseñas dejadas por otras personas que hayan comprado a través de ellos. Aunque estos no son el principal factor decisivo, tener una idea general de las experiencias de otras personas con ese proveedor puede ayudarlo a determinar si vale la pena o no hacer negocios con esa persona. Si encuentra que está viendo muchas críticas negativas o muchas quejas comunes sobre problemas que parecen no corregirse, puede ser una buena idea mantenerse alejado de ese proveedor en particular.

Lo siguiente que desea hacer es verificar si el producto está disponible para la etiqueta privada. Los productos de etiqueta privada son productos que serán producidos por un proveedor y luego comercializados con su marca en ellos. Si está buscando expandir su negocio a través de Amazon FBA, cultivar su propia marca y poner esa marca en todas partes, incluidos sus productos, es una excelente manera de desarrollar el reconocimiento de la marca. Esta es la clave para ayudarlo a diferenciarse del resto de la multitud, ¡así que no pase por alto esta parte del proceso!

Finalmente, debe considerar a sus proveedores frente a su propia logística. Desea elegir un proveedor que le ofrezca el mejor valor para su inversión, así que busque a alguien que ofrezca el mejor precio por unidad. También debe buscar el proveedor que le ofrecerá las mejores tarifas de envío para asegurarse de obtener un buen trato allí. Además, si cree que va a querer expandirse, asegúrese de elegir un proveedor que tenga productos que le interese suministrar para que pueda seguir utilizando el mismo proveedor en el futuro. Esto mantendrá su papeleo más eficiente y le facilitará determinar qué productos agregar ya que ya se siente seguro de ese proveedor.

Lo último que debe hacer después de calificar a un proveedor y antes de comprar sus unidades es solicitar un producto de muestra. Para hacer esto, simplemente pregúntele a su proveedor y, a menudo, le proporcionarán una unidad con descuento para que pruebe para asegurarse de que el producto será algo que desea vender a sus clientes. Una vez más, siempre es importante que pruebe productos para que pueda sentirse seguro de que va a vender productos de alta calidad. Omitir este paso podría dar como resultado que las unidades de baja calidad se compren en grandes cantidades y luego se sienten en el almacén de Amazon, lo que le costará dinero porque nadie quiere comprarlas o se siguen devolviendo. Los errores como este pueden ser costosos al final, así que evítelos comprobando la calidad de sus propios productos cada vez.

Ofreciendo Características Personalizadas

Cuando se trata de diferenciarse realmente en Amazon, tener características personalizables en sus unidades es una excelente manera. Cuando las personas compran, les gusta sentir que tienen más control sobre su experiencia. Quieren tener la oportunidad de elegir cosas como si quieren el producto base, el producto intermedio o el producto avanzado. Quieren elegir el color o el diseño, y el estilo del producto para asegurarse de que se adapte a sus vidas. Ofrecer opciones a su audiencia es una excelente manera de diferenciarse del resto de los comerciantes en Amazon, ya que les brinda a sus clientes una gama más amplia de opciones.

La clave cuando se trata de ofrecer opciones es asegurarse de que no ofrezca demasiadas y de que las que ofrezca sean las que la gente realmente estaría interesada en comprar. Asegurarse de prestar atención a estas dos partes clave de la oferta de personalizaciones lo ayudará a obtener la mayor cantidad de ventas en su tienda.

La razón por la que desea abstenerse de ofrecer demasiadas opciones es que demasiadas opciones pueden abrumar a las personas. Los estudios han demostrado que si tienen demasiados elementos para elegir, una persona generalmente no elegirá nada porque se siente intimidada por la decisión y lucha por comprometerse con algo. Un gran ejemplo de esto es cuando ves personas haciendo cola en un restaurante de comida rápida que toman varios minutos para elegir un artículo, solo para encontrarse pidiendo exactamente lo mismo cada vez. La razón por la que esto sucede es que su cerebro entra en sobrecarga tratando de sopesar todos los pros y los contras de cada elemento antes de finalmente decidirse por una cosa. Lo mismo sucederá si ofrece demasiadas soluciones en su tienda. Ofrecer personalizaciones sin exagerar en la cantidad de personalizaciones disponibles es clave para ayudar a las personas a tener más para elegir sin que sea una decisión demasiado difícil.

Para las características de personalización que elija, es importante que elija las que realmente serán populares. Desea ofrecer diseños o colores en los que las personas estén interesadas y que realmente se agoten. Una excelente manera de averiguar qué colores son los más populares es buscar en las listas principales y ver cuáles se están vendiendo más. De esta manera, puede tener una idea clara de qué colores son los más deseables por sus clientes. Haga todo lo posible para almacenar siempre todos los colores más populares para que su tienda tenga todas las características de personalización deseables que la gente está buscando, ya que esto le dará una ventaja competitiva. Ahora, en lugar de tener que buscar en múltiples listados para encontrar las opciones de color que les gustan, ¡solo pueden buscar en los suyos!

Transporte de sus Productos a Amazon

Una vez que haya encontrado todos los productos que desea, incluidas las funciones de personalización, debe transportar sus productos a Amazon. En Alibaba, transportar artículos a Amazon es bastante simple, ya que solo ingresará su dirección de envío de Amazon en el destino de envío cuando realice el pago. Puede encontrar su dirección de envío de Amazon en su cuenta de Amazon FBA.

Antes de comprar sus productos y finalizar los arreglos de envío, asegúrese de obtener los códigos UPC o los códigos de producto, e ingréselos en su lista de productos de Amazon. Si no obtiene estos números precisos y los carga en su cuenta de Amazon, Amazon **rechazará** sus productos, y tendrá que pagar la tarifa de envío nuevamente para que sean transportados allí. Esto puede ser costoso, así que no te pierdas este paso.

Puede cargar productos creando un plan de envío en su cuenta de Amazon FBA. Para hacer esto, irá a su cuenta y seleccionará "Cargar plan de envío". Luego, le proporcionará a Amazon una hoja de cálculo que proporciona instrucciones sobre cómo se debe usar la plantilla.

También deberá crear cinco secciones adicionales en su plantilla:

- • Definiciones de datos, que son las definiciones en la parte superior de cada columna que describe lo que está enumerando en esa columna
- • Ejemplo de plan, que proporciona un ejemplo para enviar productos individuales
- Plantilla de plan, que es una hoja de cálculo en blanco proporcionada para enviar productos individuales
- Ejemplo de cantidad de cajas, que proporciona ejemplos para el envío de productos empacados en cajas

- Plantilla de cantidad de cajas, que es una hoja de cálculo en blanco provista para enviar productos empaquetados

Este plan de envío en realidad tiene una plantilla ya hecha en su cuenta de Amazon FBA que lo ayudará a comenzar. La plantilla se describe con instrucciones claras sobre dónde debe colocar la información, por lo que todo lo que tiene que hacer es completarla con su propia información y luego cargarla en la base de datos de Amazon. Esto hace que la carga de sus archivos sea increíblemente simple, ya que puede garantizar que se harán correctamente cada vez. De esta manera, si no tiene experiencia con hojas de cálculo y envíos, le resultará fácil resolverlo.

Una vez que esta hoja de cálculo se haya finalizado y aprobado, ¡todo lo que tiene que hacer es comprar sus productos y enviarlos de acuerdo con su plan de envío! En este punto, debería ser tan simple como comprarlos y enviarlos. Sin embargo, es posible que desee comunicarse con su proveedor elegido para informarles sobre sus planes de envío para que también estén al tanto de lo que debe suceder para que Amazon reciba los productos.

Capitulo 6: Creando su Marca

Mientras sus primeros productos están en camino a Amazon, es una buena idea que comience a crear su marca. Como ya sabe, su marca es clave para ayudarlo a diferenciarse de otras marcas que ya existen en Amazon. Con su marca, puede crear familiaridad en Amazon, así como en otras plataformas como Instagram, Facebook y Twitter, donde puede dirigir el tráfico directamente a su tienda de Amazon.

Si elige crear productos de etiqueta privada, le conviene tener su marca ya establecida antes de ordenarlos para que se etiqueten de forma privada con la marca correcta. Por esa razón, debe realizar este paso antes de comprar oficialmente sus productos para poder estar seguro de que coincidirán con su marca.

En este capítulo, vamos a explorar todos los conceptos básicos del lanzamiento de una marca para su cuenta de Amazon, incluida la forma en que puede utilizar otras plataformas para atraer tráfico a su sitio web. También aprenderá cómo puede proteger su marca para evitar que otros comerciantes de Amazon la roben y potencialmente destruyan su reputación y la credibilidad de su negocio en el camino.

Elija la Identidad de su Marca

Lo primero es lo primero, debe elegir la identidad de su marca. La identidad de su marca es la identidad por la cual será reconocido, por lo que debe asegurarse de elegir una que sea atractiva y coherente. La identidad de su marca incluye su nombre, su logotipo, su fuente, sus colores y sus imágenes. Todos estos factores son relevantes en el cultivo de su marca, así que asegúrese de prestar atención a todos ellos.

El nombre de su marca debe ser algo relevante y pegadizo. Debe tener sentido para su marca para que quede claro por qué ha elegido este nombre y qué representa. Idealmente, su marca no debe ser su propio nombre, a menos que su nombre ya sea popular y conocido. En su lugar, elija una marca de una o dos palabras que represente lo que está vendiendo para que las personas lo reconozcan inmediatamente y sepan quién es una vez que comience a establecer la familiaridad de la marca.

Su logotipo y las fuentes de la marca deben ser las mismas, ya que desea utilizar las fuentes de su marca en su logotipo. Por lo general, las marcas elegirán dos fuentes que van a usar para representar su marca. La primera fuente es generalmente la fuente de encabezado que están usando, y la segunda fuente es la fuente del cuerpo. Estas dos fuentes deben ir bien juntas y tener una sensación relevante para su industria. Por ejemplo, si vende productos de oficina profesionales, debe usar fuentes limpias como Arial o Helvetica. Si está en una industria elegante, elija algo como un encabezado de script y una fuente de cuerpo simple, como Dancing Script y Arial.

Debe elegir algunos colores que también representen su marca. Idealmente, debe tener de tres a cuatro colores para su marca: uno o dos colores primarios y luego dos colores secundarios. Sus colores se utilizarán en todo, desde sus etiquetas hasta sus gráficos y en cualquier otro lugar, así que asegúrese de que combinen bien y que se ajusten a su imagen general. También deberían ser relevantes para su industria al proporcionar el aspecto y la sensación correctos a su marca, ya que los colores fuera de lugar pueden hacer que su marca parezca poco profesional o fuera de lugar rápidamente.

Finalmente, desea elegir las imágenes reales de su marca. La mayoría de las marcas producirán lo que se llama una tabla de humor, que es esencialmente una colección de gráficos que dan la sensación de lo que su marca va a ofrecer. Es posible que haya personas tumbadas en la playa y puestas de sol si su marca es para descansar y relajarse, o puede tener imágenes de minimalismo y flores frescas si desea una apariencia ecológica minimalista. Cree cualquier tabla de humor que desee en función de la apariencia que desea que tenga su marca.

Una vez que haya reunido todo esto, póngalo uno al lado del otro para tener una idea de cuál será su marca final. Esto le dará una idea de si funciona o no en conjunto y si va a proporcionar el aspecto adecuado para su empresa. Si encuentra que no refleja perfectamente su marca, querrá hacer algunos ajustes para que brinde una sensación mejor y más coherente a sus clientes.

Solicitar Registro de Marca

Después de haber creado su marca, vaya a Amazon y solicite un registro de marca. Debe hacer esto antes de hacer cualquier otra cosa con su marca, ya que esto protegerá su marca del posible robo de identidad en Amazon. Se puede solicitar un registro de marca yendo a su cuenta de vendedor profesional, dirigiéndose a su configuración y seleccionando la función "Registro de marca".

Para registrar su marca, deberá proporcionar la siguiente información a Amazon:

- El nombre de su marca (primero deberá registrarse con la patente y las marcas registradas de EE. UU.)

- Número de serie de la marca de su USPTO
- Los países donde sus productos son fabricados y distribuidos por
- Imagen de su marca en un producto que venderá
- Imagen de la etiqueta de su producto
- Imagen de su producto

Aunque esto puede llevar algún tiempo, vale la pena hacerlo para que pueda proteger su marca de ser robada por cualquier otra persona en Amazon. Recuerde, Amazon es un mercado internacional, por lo que tener esta capa adicional de protección es crucial para ayudarlo a evitar cualquier robo de identidad de marca no deseado que pueda ocurrir.

Además, tener este registro de marca desbloquea más funciones de marca para usted en Amazon, incluida la capacidad de marcar su propia tienda y páginas de productos según la apariencia de su marca. ¡Bien vale la inversión!

Marque sus Páginas de Productos

Cada vez que carga productos en su tienda, debe marcar esas páginas. Hay tres áreas de la página de su producto que desea marcar para que su marca se muestre claramente para que sus clientes la vean.

La primera parte de la página de su producto que desea marcar es su título. Su título puede tener hasta 200 caracteres, así que haga su mejor esfuerzo para crear un título completo que muestre el nombre de su marca, el título del producto y cualquier otra cosa que alguien pueda buscar cuando esté buscando sus productos.

La segunda parte de la página de su producto que debe marcar es la descripción de su producto. En las páginas de productos de Amazon, puede incluir hasta 5 viñetas de información, y cada viñeta contiene hasta 255 caracteres. Use estos puntos para proporcionar información clara sobre los beneficios que las personas obtendrán al usar los productos y los términos de búsqueda que puedan estar buscando cuando busquen productos como el suyo. Abstenerse de hacer que las viñetas sean spam al enumerar los términos de búsqueda sin ningún contexto, ya que esto puede reducir su clasificación en el SEO de Amazon o los resultados de los motores de búsqueda.

Finalmente, quieres marcar tus fotos. Sus imágenes deben mostrar claramente su producto con su etiqueta privada de marca. También puede marcar con agua sus imágenes con su nombre de marca en la esquina o en algún lugar a lo largo de los bordes, donde no interrumpirá su imagen para que también

pueda marcar su producto allí. Cada una de sus imágenes debe
ser relevante para su marca al tener el esquema de color y el
estado de ánimo de su marca artísticamente entrelazados en su
imagen. Por ejemplo, si tiene una marca ecológica fresca y
limpia, puede fotografiar su producto sobre un fondo blanco al
lado de plantas verdes frescas. Si tiene una marca occidental
rústica, puede fotografiar su producto sobre un fondo de madera
junto a algo como un mueble o decoración vintage. Evita
volverte loco con tus imágenes; sin embargo, ya que las
imágenes desordenadas o las imágenes con demasiadas
decoraciones pueden distraer y confundir. Las personas pueden
sentirse abrumadas con lo que están mirando y pueden
encontrarse buscando en otro lugar en lugar de mirar sus
productos porque simplemente no saben lo que están mirando.

Marque las Etiquetas de sus Productos

Además de marcar su tienda, también desea marcar las
etiquetas de sus productos. Siempre que pueda, obtenga
productos que permitan etiquetas privadas para que pueda
etiquetar sus productos con su logotipo, fuentes y combinación
de colores. Hacerlo lo ayudará a crear productos que
comercialicen su marca para usted, ya que cuentan con toda esta

información directamente en ellos. Ahora, cuando alguien compre su producto, recordarán la marca de la cual fue comprado, y pueden usar esta información para comprar más para sí mismos o para alentar a sus amigos a comprarle algo.

Cuando marque las etiquetas de sus productos, trate de mantener el mismo aspecto general en todos los productos. Tener los mismos colores de fondo, imágenes y diseño general en las etiquetas de sus productos asegurará que mantenga su aspecto uniforme. De esta manera, está aumentando sus posibilidades de tener reconocimiento de marca porque está produciendo el mismo aspecto cada vez. Un gran ejemplo de esto es Coca-Cola. Su marca está representada por un rojo icónico con su logotipo con guion. Cada vez que miras un producto Coca-Cola, inmediatamente sabes lo que es porque la marca es uniforme y clara cada vez.

Marque su Tienda de Amazon

En Amazon, después de registrar su marca, tendrá la oportunidad de marcar su tienda. Su escaparate es básicamente como su tienda web o su propia página web privada en la plataforma de Amazon que muestra sus productos a la venta. La marca de su tienda es una parte importante para que sea memorable para que las personas quieran verla y prestar atención a sus productos cuando lleguen a su página.

Puede marcar su escaparate eligiendo cuántas páginas va a mostrar en su tienda, cuáles son esas páginas y en qué categorías giran. Desea diseñar sus páginas y categorías de una manera que refuerce la imagen y la marca que ya ha comenzado a desarrollar para que cuando la gente llegue a su página, sienta que realmente pertenece a su marca. En otras palabras, tiene sentido.

Cuando desarrollas su escaparate, un video de marca en su portada que dura unos 30 segundos es en realidad una forma increíble de aumentar su audiencia y su reconocimiento. Aunque esto requerirá más esfuerzo e inversión de tiempo por su parte, hacerlo puede tener un gran impacto en sus clientes y puede ayudarlo a aumentar sus números de ventas.

Con su escaparate de marca, puede elegir tener su propia URL si lo desea para poder comercializar tanto en la plataforma de Amazon como fuera de ella. Si realmente quiere diferenciarse de las otras marcas en Amazon, esta es una gran característica. Sin embargo, no es necesario, así que no sienta que tiene que hacer esto si no lo desea. Aún puede ganar mucho dinero con su plataforma Amazon FBA sin su propia URL.

Marque Sus anuncios de Amazon

Profundizaremos en la publicidad con Amazon en el Capítulo 7. Sin embargo, es importante que sepa que esta es una característica disponible para ayudarlo a calificar su negocio. Amazon ofrece tres tipos de anuncios: anuncios de productos patrocinados, anuncios de marcas patrocinadas y anuncios gráficos patrocinados. Aprovechar los anuncios de marca patrocinados es una excelente manera de promocionar su marca y ayudar a impulsar el reconocimiento de marca para que sea más probable que realice ventas con su marca en Amazon. Además, los anuncios de marca patrocinados le brindan la oportunidad de mostrarle a las personas cuál es su marca para que puedan encontrar su tienda y descubrir qué productos les interesan, en lugar de que se les comercialicen sus productos individuales.

Marque sus Otras Plataformas

Una vez que se haya creado su marca Amazon, marque también sus otras plataformas. Con Amazon, no está obligado a utilizar las redes sociales para atraer tráfico a su tienda. Sin embargo, ayuda. Dirigir su propio tráfico a su propia tienda al crear una marca en las redes sociales y usar esa marca para canalizar a las personas aumenta sus ventas porque significa que ya no depende únicamente del algoritmo de Amazon. Ciertamente no tiene que hacer esto, y si no desea involucrarse mucho en este negocio, debe omitir este paso, pero si realmente quiere hacer crecer su tienda, este es un paso importante.

Si está en Instagram, Facebook, Twitter o en cualquier otro lugar en las redes sociales o en Internet, asegúrese de marcar sus cuentas. Use su logotipo en sus gráficos, elija gráficos que sean relevantes para su marca y cree una marca que lo ayude a establecer el reconocimiento. Luego, ¡aliente a las personas de su marca a encontrar su camino a su plataforma y comprar sus productos!

Hay muchos libros excelentes sobre la marca en las redes sociales, por lo que le recomiendo que tome uno y lo use como parte de su crecimiento mental y desarrollo personal si esto es algo que desea hacer. Un libro diseñado específicamente sobre este tema le proporcionará amplios consejos sobre cómo marcar cada cuenta y cómo publicar de una manera que acentúe su marca y haga que su nombre aparezca de una manera más amplia.

Capitulo 7: Lanzamiento de Productos con Amazon

Con todo en su lugar y sus productos llegando al almacén de Amazon, ¡es hora de que lance sus productos! Lanzar productos en Amazon es realmente increíblemente simple, pero requiere algo de práctica memorizar cada uno de los pasos y tener un gran impacto en cada lanzamiento. Además, descubrirá que cada lanzamiento crece a medida que avanza porque es mejor en cada momento y ya tiene cierta credibilidad establecida en torno a su marca y su reputación. El impulso entre su propio conocimiento y este reconocimiento ayudará a que cada lanzamiento funcione mejor que el anterior, siempre que crezca con el impulso.

En este capítulo, vamos a seguir una secuencia de lanzamiento simple para que sepa exactamente lo que necesita hacer para tener éxito con su marca. Al lanzar sus primeros productos, siga esta secuencia exactamente para que pueda hacer todo. Sin embargo, tome nota de todo lo que sienta que podría hacer de manera diferente para acentuar sus fortalezas y hacerlo mejor, de modo que pueda crear su propia secuencia de lanzamiento que se adapte perfectamente a su negocio y lo mantenga creciendo.

Optimizando sus Listados

Lo primero que debe hacer para lanzar su producto en Amazon es optimizar su listado. Una vez que su listado esté marcado según las instrucciones en el Capítulo 6, todo lo que tiene que hacer es cargar las características de Optimización del motor de búsqueda (SEO) en su listado. Dado que Amazon funciona como un motor de búsqueda, al igual que la búsqueda de Google, es importante usar SEO. Esto ayudará a que sus listados aparezcan en la parte superior de la página, lo que significa que es más probable que lo vean sobre las personas que caen más tarde que usted en las clasificaciones de listados.

La mejor manera de hacer SEO en la página de su producto es usar términos de búsqueda relevantes en su título y en la descripción de su producto, sin exagerar ni ser spam. En realidad, Amazon tiene una cláusula incorporada en su algoritmo que evita que las personas se clasifiquen bien si ponen demasiadas palabras clave en su listado. Amazon asume que estos listados son spam y luego los clasifica increíblemente bajo, evitando que sean encontrados por cualquiera que esté usando Amazon para comprar. La clave es usar palabras clave con moderación y de una manera que realmente tenga sentido en el flujo de su listado.

Una excelente manera de detectar palabras clave ricas que podría usar para su listado es usar una herramienta de búsqueda de palabras clave como Keyword.io o la aplicación de palabras clave incorporada de Google. Ambos le darán la oportunidad de buscar palabras clave que sean relevantes para su industria para que pueda usar las mejores palabras clave en su listado. Cada herramienta de palabras clave tendrá su propia forma de clasificar la calidad de las palabras clave, así que asegúrese de seguir esta clasificación para encontrar palabras clave que lo ayuden a encontrarlo. Por lo general, estas herramientas de clasificación lo ayudarán a evitar palabras clave saturadas o que no se utilizan lo suficiente como para que realmente valga la pena incluirlas en su descripción.

También es importante que no use en exceso una sola palabra clave en su descripción. El uso de una palabra clave de más del 1-2% de su descripción total puede ocasionar que se marque como spam y que sus publicaciones no se muestren. Encuentre formas de usar palabras clave relevantes sin abusar de ellas eligiendo también palabras alternativas, para que pueda mantenerse optimizado en los parámetros de búsqueda.

Esquema de su Estrategia de Lanzamiento

Una vez que sus listas de productos estén configuradas y optimizadas, y su tienda esté lista para funcionar, puede describir su estrategia de lanzamiento. Es crucial que no comience un plan de lanzamiento hasta después de que toda su tienda esté configurada y lista para funcionar, ya que hacerlo podría hacer que no tenga todo listo para la fecha de lanzamiento elegida. Retrasar los lanzamientos para acomodar problemas técnicos o fallas de funcionamiento es increíblemente poco profesional y puede destruir enormemente el impulso de su lanzamiento, así que evite eso preparando todo primero.

Con todo preparado, puede seguir adelante y crear un cronograma que describa su estrategia. Idealmente, su agenda debe incluir la fecha en la que desea que su tienda esté lista, la fecha en que comenzará la publicidad orgánica, las fechas en que comenzará la publicidad paga (y qué tipos de publicidad paga comenzarán cuando) y las fechas en que supervisará su crecimiento en busca de métricas importantes sobre cómo puede mejorar el impulso. Tener todo esto delineado en su agenda de antemano asegurará que sepa exactamente lo que debe hacerse todos los días antes del lanzamiento oficial de su producto para que pueda mantenerse en el camino y continuar impulsando.

Como aprenderá rápidamente, el impulso es la columna vertebral de cualquier lanzamiento fuerte, por lo que es esencial tener un fuerte flujo de impulso en torno a sus productos y negocios. Desea acumular impulso alrededor de su lanzamiento, así como usar ese impulso de construcción de cada producto para llevarlo al próximo lanzamiento de producto para que pueda avanzar cada vez.

Tenga en cuenta que cuando lance sus primeros productos, también lanzará su tienda por primera vez. Por esa razón, debe usar todas estas estrategias para los artículos que cree que serán más populares y para su tienda de marca en general. De esta manera, está promocionando tanto su tienda como su marca y los productos que va a tener a la venta. Esto generará impulso y reconocimiento en torno a su marca y sus productos, lo que hará que el lanzamiento sea mucho más exitoso desde el primer momento. En futuros lanzamientos, no tendrá que trabajar tanto para promocionar su marca para que su nombre salga a la luz.

Lanzar sus Anuncios

Como mencioné anteriormente, Amazon tiene tres tipos diferentes de anuncios: anuncios de productos patrocinados, anuncios de marcas patrocinadas y anuncios gráficos patrocinados. Por lo menos, querrá hacer uso de anuncios de productos patrocinados y anuncios de marcas patrocinadas, pero idealmente, debe usar los tres para realmente dar a conocer su nombre y tener el mayor impacto en su lanzamiento.

A continuación, analizaré cómo funcionan estos tres anuncios y qué debe hacer para configurarlos para su lanzamiento.

Anuncios de Productos Patrocinados

Los anuncios de productos patrocinados son los anuncios que aparecen en la parte superior de las listas de búsqueda cuando un cliente busca el producto que desea. Este tipo de anuncio es excelente para lanzar después de que hayas lanzado oficialmente su producto en su tienda, ya que ayudará a que su producto aparezca sobre cualquier otra persona en las clasificaciones de búsqueda.

Puede hacer un anuncio de producto patrocinado en Amazon eligiendo qué producto desea patrocinar y siguiendo el proceso paso a paso de diseño de su anuncio. Idealmente, debe patrocinar los productos que cree que serán más populares para que su dinero se gaste bien en estos anuncios.

Cuando se trata de crear anuncios de productos patrocinados, irá al producto que desea patrocinar y tocará "producto de patrocinio". Luego, establecerá su objetivo en términos de quién es su público de compras para que Amazon muestre su anuncio a las personas adecuadas Puede averiguar quién es su público objetivo fácilmente mirando a su industria en su conjunto para tener una idea de quién es parte de ella, y mirando los productos existentes en la tienda de otras personas para tener una idea de quién es su audiencia. Establezca sus parámetros alrededor de sus hallazgos.

Una vez que se organiza su objetivo, puede elegir su presupuesto o cuánto desea gastar en su anuncio. Naturalmente, cuanto más gastes, más te verán. Sin embargo, evite gastar más de lo que razonablemente puede presupuestar para no desperdiciar su dinero. Idealmente, sus anuncios de productos patrocinados deberían representar el 30-50% de su presupuesto publicitario completo para todos los anuncios combinados. Entonces, si patrocina tres productos, cada producto recibirá 1/3 de esa porción total de su presupuesto de gastos.

Anuncios de Marca Patrocinados

Los anuncios de marca patrocinados aparecen de la misma manera que los anuncios de productos patrocinados, y también funcionan de la misma manera. La única diferencia con un anuncio de marca patrocinado es que está patrocinando su marca y no un producto específico, por lo que tendrá un solo anuncio patrocinado para reflejar su marca completa.

Es probable que su anuncio de marca patrocinada tenga un público objetivo similar al de sus publicaciones de productos, ya que sus productos y su propia marca tendrán el mismo público. Puede usar la información que encontró en sus anuncios de productos patrocinados para determinar los parámetros de sus anuncios de marcas patrocinadas.

Cuando se trata de establecer su presupuesto para su anuncio de marca patrocinado, su anuncio de marca también debería ocupar del 30-50% de su presupuesto publicitario total. De esta manera, muchas personas estarán expuestas a su marca, por lo que si no encuentran sus anuncios de productos, lo encontrarán.

Anuncios de Display Patrocinados

Los anuncios de display patrocinados son los anuncios que aparecen en los sitios web de otras personas, como en los blogs. El uso de anuncios gráficos patrocinados es una excelente manera de llegar al público de otras personas para que sea más probable que dirija el tráfico a su propia página. Puede crear un anuncio gráfico patrocinado si desea aumentar su alcance con su tienda de Amazon. Sin embargo, el presupuesto mínimo para esta opción es generalmente de $ 15,000, por lo que puede estar fuera del alcance de la mayoría de las personas.

La creación de un anuncio gráfico patrocinado no se realiza por su cuenta, por lo que si desea utilizar esta función, deberá ponerse en contacto con un asesor de anuncios de Amazon para que le muestre el proceso. Un consultor calificado lo ayudará a determinar si su presupuesto administrará razonablemente un anuncio gráfico, y le ayudará a descubrir cuáles son los pasos para que su publicación sea patrocinada en primer lugar.

Promocionando sus Productos

Promocionar sus productos a través de anuncios pagados no es la única forma de dar a conocer su nombre. Promover sus productos por su cuenta a través del boca a boca, conocido como publicidad orgánica, es otra forma poderosa de hacer que su marca salga al mercado para que las personas puedan interactuar con su tienda y comprar sus productos.

Debe comenzar la publicidad orgánica y las promociones de productos al menos dos semanas antes del lanzamiento de sus productos, ya que esto le da tiempo suficiente para hablar sobre sus productos y desarrollar su impulso. En general, puede comenzar sus promociones orgánicas tan pronto como finalicen y paguen sus procedimientos de envío para que pueda sentirse seguro de que todo estará en su lugar para la fecha de lanzamiento que le está dando a su audiencia. Puede promocionar sus productos orgánicamente en cualquier plataforma de redes sociales publicando y hablando sobre sus productos de manera consistente.

La mejor manera de promocionar realmente sus productos y su marca de esta manera es tomar fotografías de sus productos de muestra y hablar sobre ellos y demostrarlos a su audiencia. Mientras lo hace, concéntrese en generar compromiso haciendo preguntas y alentando a las personas a seguir su página para que puedan mantenerse actualizados en su lanzamiento. De esta manera, pueden obtener acceso temprano a sus productos en el momento en que aterrizan.

Revisando su Proceso

Después de haber lanzado sus productos, siempre es una buena idea detener y revisar su proceso de lanzamiento. Observe cómo fue cada paso del proceso y anote cualquier nota que tenga sobre cómo podría haberlo hecho mejorar o qué puede hacer para que sea más fácil en el futuro. Cuanto más pueda realizar un seguimiento y adaptar este proceso para satisfacer sus propias necesidades y conocimientos, más fácil será para usted tener un proceso de inicio sin problemas que funcione cada vez. De esta manera, el lanzamiento se vuelve cada vez más fácil y sus productos se agotan cada vez más rápido. Como resultado, obtendrá un ingreso mucho mayor al final.

Capitulo 8: Aumentando sus Ventas

Después de lanzar su tienda de Amazon FBA, querrá centrarse completamente en cómo puede crecer con su tienda. El crecimiento es cómo puede asegurarse de obtener un gran beneficio y que su beneficio continúe desarrollándose con el tiempo para que pueda ganar aún más con su tienda.

El crecimiento es un proceso simple en general, pero puede parecer desafiante, especialmente para los nuevos propietarios de negocios que todavía están tratando de aprender las cuerdas de su negocio. Como mencioné anteriormente, uno de los elementos más importantes de éxito y crecimiento es el impulso, ya que el impulso le dará la oportunidad de seguir desarrollándose con el tiempo. Momentum es el avance positivo que lo ayuda a crecer y continuar, y nunca debe pasarse por alto cuando se trata de generar éxito con su negocio.

En los negocios, el impulso es la clave para evitar que te olviden o que la gente se caiga antes de que tengas la oportunidad de aumentar tus ventas. Con ímpetu, la gente se emociona y siente curiosidad, y esa emoción y curiosidad continúan creciendo con el tiempo hasta que lanzas tus nuevos productos o ventas, y tienen la oportunidad de comprarte algo nuevo. Esta energía es importante, ya que es lo que lo mantendrá en marcha, así que asegúrese de que todo lo que haga sea con la intención de desarrollar su impulso y hacer crecer la energía de su negocio.

Además de desarrollar su impulso, aquí hay algunos otros consejos que puede usar para ayudarlo a aumentar sus ventas y ganar aún más de su negocio de Amazon FBA.

Concéntrese en sus Rankings

Lo primero es lo primero, siempre debe centrarse en su clasificación cuando se trata de hacer crecer su negocio de Amazon FBA. Desea centrarse en sus clasificaciones de productos y en la clasificación de sus vendedores, ya que ambos le ayudarán a presentarse frente a su audiencia de una manera más amplia.

Con Amazon FBA, se envía un correo electrónico después de comprar los productos, lo que alienta a las personas a dejar una revisión de sus productos. No necesitará hacer nada para alentarlos. Lo mismo ocurre con su clasificación de vendedor, ya que las personas pueden clasificarlo tanto a usted como a su tienda. Debido a la naturaleza de Amazon FBA, cualquier revisión que se queje sobre el envío o la gestión de productos no se destinará a su clasificación general, ya que son responsabilidad de Amazon, no usted.

Lo que puede hacer para contribuir realmente a mejorar su clasificación es asegurarse de que siempre ofrece productos de la más alta calidad posible y que las descripciones de sus productos son precisas para que las personas obtengan exactamente lo que ordenan. Cuanto más precisa y alta calidad pueda hacer su tienda y productos, más ganará críticas de alta calidad que mejorarán su clasificación y lo ayudarán a vender más.

Haga lo que sabe Hacer

Cuando se trata de vender en Amazon FBA, es probable que ya estés deambulando por un mundo del que aún no sabes mucho. Por esa razón, es una buena idea hacer lo que sabe al apegarse a sus puntos fuertes y vender productos que comprenda. Hacerlo puede garantizar que no agregue más estrés al proceso de aprendizaje, lo que ayudará a que el proceso de aprendizaje sea aún más fluido.

La mejor manera de hacer crecer su negocio es hacer lo que sabe y enseñarse primero los conceptos básicos más importantes. De esta manera, todo lo que está aprendiendo y todo lo que está haciendo es familiar, y le resulta más fácil hacerlo bien, lo que solo ayudará a que su tienda crezca más y con mayor integridad.

Siempre Monitoree sus Números

Discutiremos cómo puede monitorear su crecimiento y monitorear sus números en detalle en el Capítulo 9. Sin embargo, es importante saber que esta es una parte crucial del crecimiento de su negocio. Sus números le brindan mucha información sobre la productividad de su negocio, lo que le gusta a la gente y lo que quiere más, y lo que puede hacer para mejorar sus ventas.

Cuando las personas no prestan atención a sus números, se nota. Las empresas fracasan cuando las personas no están mirando los números porque no tienen una idea clara de qué es y qué no funciona. Al final del día, todos los consejos del mundo no le darán una visión más precisa de lo que necesita hacer para hacer crecer su negocio en comparación con los números reales que está recibiendo. Presta atención a ellos y úsalos en consecuencia, ya que esta es su única forma de seguir su impulso y garantizar su crecimiento.

Haga Crecer su Presencia en Línea

Si realmente desea ampliar su negocio, tendrá que ejecutar algún tipo de presencia en línea. Al final del día, Amazon no va a mirar tantos ojos hacia su tienda como pueda hasta que tenga algunas de las mejores clasificaciones posibles. Incluso entonces, confiar en Amazon no es necesariamente la mejor manera de garantizar realmente su crecimiento.

Una mejor manera de hacer crecer su negocio y garantizar su crecimiento es estableciendo su propia presencia en línea y utilizando su presencia para ayudar a dirigir su tráfico a su tienda. Cuando creces su propia presencia, tienes un mayor control sobre cómo llevar a tus espectadores a su tienda, en lugar de llevarlos a la central de Amazon en general, donde tendrás que esperar que encuentren su tienda.

Puede aumentar su presencia en Instagram, Facebook, Twitter, YouTube e incluso Pinterest como una forma de hacer que su nombre salga a la luz. Hacer crecer su propio blog es otra excelente manera de establecer su marca y atraer más tráfico a su sitio web para que pueda mejorar sus posibilidades de ser encontrado.

Use Publicidad Pagada

La publicidad pagada es una forma increíblemente valiosa de aumentar su presencia en línea. Aunque cuesta más de esta manera, lo ayudará a que lo vea una audiencia que no necesariamente verá de otra manera. Además, mejora automáticamente los resultados de su clasificación al ubicarlo en la parte superior de las listas en lugar de tener que confiar solo en el SEO orgánico para obtener una clasificación más alta.

Incluso si no está lanzando un nuevo producto, pagar para patrocinar sus productos y su marca puede ser de gran ayuda para que más personas lo encuentren. Si realmente desea hacer crecer su negocio de Amazon FBA, debe enfocarse en tener un presupuesto mensual dedicado exclusivamente a promociones pagas. De esta manera, tiene mucho para ayudarlo a continuar promocionando sus productos y obtener un mayor alcance, mejorando así su clasificación de ventas.

Agregue más Productos a su Tienda

Si desea ampliar su negocio, una forma obvia podría ser agregar más productos a su tienda. Tener más productos disponibles para que los compren sus clientes significa que es más probable que tenga un aumento en sus ventas porque está ofreciendo cosas de las que su audiencia realmente quiere tener más.

Cuando agregue más productos a su tienda, asegúrese de agregar productos que sus clientes realmente quieran comprar. Además, asegúrese de que cada producto que venda tenga sentido para su marca y se ajuste a su industria. De esta manera, tiene la confianza de que su marca se mantiene organizada y relevante, y de que sigue estando abastecida con productos en los que es más probable que sus clientes estén interesados.

Capitulo 9: Supervisión de su negocio de Amazon FBA

El monitoreo de su negocio de Amazon FBA tiene dos propósitos importantes: evita que pierda impulso y lo ayuda a ganar crecimiento. Cuando creces cualquier negocio, prestar atención a los números es una oportunidad clave para que sigas creciendo, ya que te ayuda a tener claro dónde estás floreciendo y dónde estás luchando para mantener su negocio en crecimiento.

Cuando se trata de monitorear su crecimiento, puede ser un desafío saber qué números son importantes y qué números no serán exactamente necesarios para ayudarlo. En este capítulo, le diré exactamente a qué debe prestar atención y cómo puede leerlo para asegurarse de que obtiene la información que necesita de su negocio para que pueda usar esa información de manera efectiva para crecer.

Importancia del Monitoreo del Crecimiento

El seguimiento de su crecimiento a través de sus números es crucial. Si no está rastreando su crecimiento, puede comenzar a perder ganancias en grandes formas debido a que no tiene una comprensión clara de lo que su empresa necesita para crecer efectivamente. Por ejemplo, no monitorear sus números podría llevarlo a que no se dé cuenta de que uno de sus productos no funciona bien, lo que puede llevar a que agregue más de ese producto a su stock, lo que provocará que se quede con un producto que no le está generando ingresos constantes. lucro. Sin realizar un seguimiento eficaz de sus números, también podría involucrarse en estrategias de marketing defectuosas, agregar los productos incorrectos a su stock o, de lo contrario, participar en un comportamiento que va a destruir por completo su crecimiento.

Cuando se trata de monitorear sus números para el crecimiento, es importante que rastree sus números de manera efectiva. Esto significa que debe cultivar su propio plan sobre cómo y cuándo va a monitorear sus números para mantenerse coherente con ellos y monitorearlos de manera efectiva. Un gran sistema para monitorear sus números es registrarse una vez por semana, el mismo día todas las semanas, y monitorear todos sus números importantes. Míralos y regístralos en un leger master para que puedas revisar tus números de vez en cuando y ver cuáles son tus tendencias. Estas tendencias serán cruciales para ayudarlo a crear una estrategia de crecimiento, por lo tanto, asegúrese de ser coherente con ellas y realizar un seguimiento eficaz.

A qué Números debe Prestar Atención

Los números a los que desea prestar atención cuando se trata de monitorear su crecimiento varían. Cada uno de estos números servirá a su comprensión de una forma u otra, así que asegúrese de prestar atención de manera efectiva y registrar sus números correctamente.

Los primeros números a los que desea prestar atención son los números que rodean sus ventas. Preste atención a cuántas ventas ganó su tienda y qué productos se vendieron en esas ventas. De esta manera, puede tener una idea clara de qué productos tienen el mejor rendimiento en su tienda y cuáles no.

También debe prestar atención a la cantidad de devoluciones que obtienen sus productos. Comparar sus devoluciones con sus ventas será una medida crucial para ayudarlo a determinar la calidad y popularidad de sus productos, así que también haga un seguimiento de estos números.

A continuación, debe prestar atención a las métricas de quién está comprando sus productos. Amazon ofrece excelente información sobre la demografía, y esto será útil para permitirle determinar si está llegando efectivamente al grupo demográfico correcto.

Cómo usar estos Números para el Crecimiento del Producto

El seguimiento de sus números es prácticamente inútil si no tiene idea de cómo usar esos números para crecer. Cuando se trata de usar sus números para crecer, hay mucha información que obtiene de estos números. Estos mismos números le dirán qué productos tienen el mejor rendimiento, qué colores o personalizaciones tienen el mejor rendimiento, qué productos no funcionan bien y en qué productos ya no vale la pena invertir.

En un sentido muy básico, estos números le dan una idea clara de qué productos debe comprar nuevamente y qué productos puede dejar solo. Determinar esto es tan simple como observar qué productos se venden en grandes cantidades y qué productos no se venden muy rápidamente. Si tiene productos que no se venden rápidamente, naturalmente, ya no desea almacenarlos. Sin embargo, para los productos que se venden rápidamente, puede seguir adelante y almacenar más de esos productos para su tienda. Estos son productos que probablemente continuarán vendiéndose rápidamente.

La única vez en la que desea comenzar a ser cauteloso al pedir más productos que se han vendido bien es si nota que la tasa a la que están vendiendo está disminuyendo constantemente. Si descubre que sus ventas están en una tendencia bajista, es posible que no desee pedir tantas unidades para evitar que las ventas se detengan por completo, ya que todavía tiene una gran cantidad de existencias en su poder. Una estrategia que las personas harán cuando vean una tendencia a la baja en las ventas es dejar de almacenar el producto por completo por un tiempo y dejarlo "agotado". De esta forma, pueden crear una lista de espera de personas que lo desean antes de volver a tener más existencias para que sus clientes las vendan.

Otra forma en que puede usar los números para el crecimiento del producto es identificar qué tipos de productos les gustan más a sus clientes para que pueda usar esta información para determinar qué nuevos productos va a almacenar en su tienda. En general, sus números mostrarán tendencias en los tipos de productos que realmente les gustan a sus clientes, y puede incluir estos números en el proceso de elegir sus nuevos productos. Esta es una gran oportunidad para que usted haga crecer su negocio en una dirección que continuará con el impulso que ya está creciendo entre usted y sus clientes.

Además de ayudarlo a elegir nuevos productos por completo, el uso de esta información puede ayudarlo a determinar qué nuevas variaciones o personalizaciones puede ofrecer también con sus productos. Si encuentra que los estampados de rayas y morados tienden a vender más que los estampados azules y circulares, por ejemplo, puede almacenar más de sus productos en morado y encontrar más estampados de rayas únicos que las personas tienen más probabilidades de comprar.

A medida que continúe siguiendo las tendencias de su tienda, descubrirá que cada vez es más fácil anticipar lo que sus clientes querrán más. De esta manera, puede continuar ofreciendo más de lo que realmente van a comprar y almacenando menos en términos de productos que realmente no se venden bien o que no son realmente atractivos para su audiencia actual.

Cómo usar estos Números para Aumentar el Volumen

Además de ayudarlo a determinar con qué productos abastecer su tienda, sus números también pueden ayudarlo a aumentar su volumen de ventas. La forma más fácil de usar sus números para impulsar el crecimiento en sus volúmenes de ventas es identificar cuáles de sus productos son más populares y luego colocar todos sus esfuerzos e iniciativas de marketing en esos productos. Dado que estos productos ya están prosperando, agregar más esfuerzos a sus promociones dará como resultado aún más unidades de venta, lo que dará como resultado mayores volúmenes.

Una excelente manera de mantener alta su relación de volumen cuando se trata de promocionar estos productos individuales que se venden mejor es colocar realmente todos sus esfuerzos de promoción aquí. Concéntrese en compartir sobre estos productos en sus plataformas de redes sociales, haga que los influencers usen sus productos y los promocionen por usted, y centre la mayor parte de su presupuesto de promoción pagado en promocionar estos productos. Así es como realmente va a aumentar su atención dirigida a estos productos para ayudarlo a tener éxito en mejorar sus ventas por volumen.

Cuando planea aumentar las ventas por volumen de ciertos productos, es crucial que se asegure de mantener ese producto en stock en el almacén de Amazon. Si se queda sin producto, incluso por un corto período de tiempo, puede perder su impulso a medida que las personas buscan otra tienda para mantener sus productos almacenados. Debido a lo abastecido que tiene que mantener el almacén. Sin embargo, es crucial que preste mucha atención a sus tendencias numéricas en curso. Si descubre que sus números comienzan a disminuir, debe reducir el volumen del producto que está almacenando en el almacén de Amazon para evitar quedarse con demasiados productos que finalmente se moverán mucho más lentamente que la ola inicial.

Capitulo 10: Secretos y Consejos para su Éxito

Cada nueva aventura que emprendas en la vida vendrá con lecciones que solo puedes obtener a través de la experiencia práctica. Sin embargo, quiero ayudarlo a obtener esta experiencia y crecer más rápido al tener conocimiento de las lecciones que probablemente aprenderá y enfrentará en su negocio de Amazon FBA.

En este capítulo, le proporcioné cinco de los secretos y consejos más importantes que necesita para tener éxito, que generalmente solo descubrirán aquellos que estén experimentando sus negocios de manera práctica. Úselos para ayudarlo a comenzar y lanzar su negocio antes de que la mayoría de las personas lo lancen, ya que esto le dará la mejor oportunidad para realmente ayudar a que su negocio explote de inmediato.

Siempre Enfóquese en su Ventaja Competitiva

Cuando se trata de lanzar un negocio, centrarse en su ventaja competitiva es crucial. Su ventaja competitiva es su oportunidad de crear realmente la oportunidad de diferenciarse de otros comerciantes de Amazon FBA para que los clientes tengan más probabilidades de elegirlo a usted sobre cualquier otra persona. Comprenda que no importa dónde o cómo se esté promocionando, ya sea exclusivamente a través de Amazon o de Amazon, así como en las redes sociales, otras personas también están tratando de acceder a sus clientes. Esto significa que necesita saber realmente dónde se encuentra su ventaja competitiva y promover esa ventaja competitiva al mismo tiempo que la nutre para que continúe siendo competitivo.

Aprender a nutrir y promover su ventaja competitiva requiere algo de práctica, especialmente si nunca ha dirigido un negocio en primer lugar. Para ayudarlo a comenzar, exploremos cuál es su ventaja competitiva, cómo puede promoverla y cómo puede fomentar esta ventaja para que nadie entre y agudice su ventaja mejor que usted.

El primer paso para usar su ventaja competitiva para su ventaja es saber cuál es su ventaja competitiva. Su ventaja competitiva es el elemento de su negocio que lo distingue de su competencia de una manera que lo hace mejor que ellos. Si realmente se enfoca en desarrollar y refinar su negocio, es probable que tenga múltiples ventajas competitivas sobre muchos de sus competidores. Por lo tanto, cuando se trata de la ventaja competitiva que lo distinguirá y lo ayudará a crecer, debe centrarse en la ventaja competitiva que realmente les importa a sus clientes.

Por ejemplo, quizás sea mejor que suministre más colores y personalizaciones que su competencia. O, tal vez sea mejor al proporcionar artículos que están en tendencia a medida que comienzan a popularizarse, lo cual es una excelente ventaja competitiva. Estos tipos de ventajas competitivas son cosas que a sus clientes realmente les interesarán y sobre las que querrán aprender más. Evite hablar de ventajas competitivas como "tenemos el mejor sistema de seguimiento para organizar nuestros productos" o "somos los mejores en el abastecimiento de productos baratos" porque no es algo que les importe a muchos de sus clientes. A menos, por supuesto, que esté vendiendo a personas que compran productos a granel y que desean las mejores ofertas y los productos de mejor calidad, ien cuyo caso esta es una ventaja competitiva perfecta!

Una vez que identifica cuál es su ventaja competitiva, necesita nutrir esta ventaja asegurándose de que todo lo que haga en su negocio mantenga esta ventaja. Esto significa que si su ventaja competitiva siempre tiene el precio más bajo del producto, siempre debe buscar las mejores ofertas que lo ayuden a mantener sus precios de venta más bajos que el promedio del mercado. Mantener su ventaja competitiva nutrida de esta manera asegurará que siempre siga siendo su ventaja competitiva, lo que lo ayudará a ser conocido por esto. La gente comenzará a entusiasmarse con que seas el mejor por esto, lo que mejorará el reconocimiento de su marca y te ayudará a hacer crecer su negocio aún más.

Debido a que su ventaja competitiva será clave para ayudarlo a vender sus productos, desea encontrar una forma de incorporarlo a su marca. Puede hacer esto creando un lema o un eslogan que promueva su ventaja competitiva y luego diciendo y usando ese eslogan regularmente en su marketing para que la gente lo conozca por ello. Por ejemplo, McDonald's se esfuerza por ser el restaurante al que las personas acuden para una experiencia familiar que sea agradable y que siempre sepa bien, por lo que su lema es "Me encanta". Alternativamente, Lays se marca a sí mismo como la marca de chips que querrá comer constantemente y que tendrá dificultades para detener porque saben muy bien. Por esa razón, su eslogan es "Apuesto a que no puede tener solo uno". Estos lemas comercializan directamente su ventaja competitiva, lo que le facilita saber exactamente por qué desea comprar estas marcas sobre cualquiera de sus competidores.

Cree una Sólida Experiencia del Cliente

Cuando se trata de administrar cualquier tipo de negocio, es importante contar con una sólida experiencia del cliente. Cuando se trata de venta minorista, la experiencia de su cliente no será tan complicada como la experiencia de alguien que compra un servicio. Sin embargo, todavía hay muchas oportunidades para que pueda crear una experiencia de cliente personalizada y agradable.

Una creencia común que las personas tienen cuando lanzan sus negocios de Amazon FBA es que no tendrán que lidiar con la experiencia de sus clientes. Con Amazon administrando su tienda y sus procesos de envío y cumplimiento, puede ser fácil suponer que no hay forma de que pueda personalizar su experiencia de cliente. Sin embargo, eso simplemente no es cierto.

La creación de una experiencia sólida para el cliente se puede hacer considerando realmente cómo será el proceso para su cliente desde el momento en que se entera de la marca hasta el momento en que su producto llega a sus manos y comienza a usarlo. Ser consciente de toda esta experiencia le dará la oportunidad de crear una experiencia que será agradable y memorable. Además, debido a que aprovechó la oportunidad para crear una experiencia que se destaca en primer lugar, se distinguirá de otros comerciantes de Amazon, lo que lo ayudará a destacarse entre la multitud y mejorar aún más su ventaja competitiva.

Con Amazon, la mejor manera de crear una excelente experiencia para el cliente es considerar cómo se ven su marca y sus promociones. Lo creas o no, estos son una parte muy relevante de la experiencia de su cliente, y hacerlos bien es la mejor oportunidad que tienes para diferenciarte de los demás. Puede personalizar su experiencia creando gráficos y descripciones de sus productos que son de marca y que son agradables de leer e interactuar. De esta manera, cuando las personas ven sus productos y comienzan a leer sobre ellos, comienzan a generar entusiasmo y se convierte en una experiencia para ellos.

Otra excelente manera de mejorar la experiencia del cliente es ofrecer productos de alta calidad que sean mejores que cualquier otra cosa en el mercado. A través de esto, cada vez que reciban uno de sus productos, se divertirán abriéndolo y usándolo porque pueden sentirse seguros de que será de alta calidad y que valdrá la pena la inversión. Si puede trabajar junto con el proveedor para crear una experiencia más agradable al incluir insertos de marca en sus cajas que describen o explican el producto, esta es otra excelente manera de mejorar la experiencia de su cliente.

También puede mejorar su experiencia de cliente fuera de Amazon. Aproveche sus plataformas de redes sociales como una oportunidad para destacar a las personas que compran sus productos compartiendo sus publicaciones, comentando sus publicaciones y de otra manera interactuando con ellas. Hacer esto puede ayudarte a estar realmente delante de su audiencia y mostrarles que son valorados y que aprecias su lealtad. Como resultado, crea una experiencia divertida y agradable que ayuda a sus clientes a sentirse parte de algo más grande.

Aproveche sus Descripciones

Sus descripciones son una maravillosa oportunidad para que realmente aumente sus ventas. En Amazon, muchas personas abren tiendas y cargan descripciones genéricas y prescritas que son bastante aburridas. Estas descripciones son a menudo directas y claras. Sin embargo, carecen de personalidad y no representan realmente su marca o crean algo memorable para su cliente.

Para aprovechar sus descripciones, todo lo que tiene que hacer es personalizar sus descripciones para que sean precisas y agradables de leer. Muestre la personalidad de su marca en las descripciones usando palabras que sean relevantes para su marca y que hablen de una manera que sea relevante para su audiencia. Usar la misma jerga y palabras que usarían es una gran oportunidad para que te conectes con su audiencia de una manera que entiendan y se relacionen, lo que te ayuda a destacar aún más.

Aunque no tiene un gran espacio para trabajar dentro de sus descripciones, aún puede hacer que sean divertidas y agradables. Sea creativo y siempre use esto como una oportunidad para lograr una experiencia destacada para sus clientes con su marca.

Aprende a Tomar Mejores Fotos

Cuando se trata de sus listados de Amazon, tener las imágenes correctas es crucial. Muchas personas en Amazon cargan imágenes genéricas de sus fotografías que son tomadas de los proveedores y las usan como sus listados. Aunque estas fotografías funcionan, no te ayudarán a diferenciarte de todos los que venden productos como el tuyo. Para destacar realmente, querrás usar los productos de muestra que recibiste para tomar tus fotos para Amazon.

Existen algunos enfoques clave que puede utilizar para ayudarlo a obtener una fotografía de alta calidad para su listado. La primera es recordar que todas las mejores imágenes siguen un enfoque minimalista, ya que esto ayuda a sus espectadores a saber exactamente lo que está vendiendo. Si tiene demasiadas cosas en su imagen, puede parecer abrumador y apartar los ojos, o puede hacer que las personas se pregunten qué comprarán exactamente de usted.

También debe asegurarse de que sus imágenes tengan buena iluminación y sean claras. Intentar mostrar imágenes que tengan poca iluminación o que estén borrosas solo hará que las personas pasen por alto tus publicaciones y elijan algo más. Puede invertir fácilmente en un anillo económico de Amazon, así como en una cámara de calidad decente que lo ayudará a capturar los productos en alta definición. En la actualidad, la mayoría de los teléfonos inteligentes toman fotografías en calidad 4K, lo que significa que probablemente pueda usar su teléfono para tomar las fotografías de su imagen. Solo asegúrese de mantener la mano firme y de activar la calidad de disparo 4K para que su imagen aparezca en alta definición.

Si no está seguro de cómo puede fotografiar sus productos de manera efectiva, considere buscar en los resultados de búsqueda listados en los que otras personas hayan tomado claramente sus propias fotografías. Presta atención a cómo lo han hecho, en qué se han enfocado y al enfoque de sus imágenes para que puedas tener una mejor idea de lo que estás buscando en tus propias imágenes, ayudándote a inspirarte para tomar las fotografías correctas.

Comprometerse con los Revisores cuando sea necesario

Aunque Amazon se encargará de la mayoría de sus consultas de atención al cliente, no está de más comprometerse con algunas de ellas también. Puede interactuar fácilmente con los revisores simplemente yendo a su página, identificando lo que la gente dice sobre sus productos y respondiendo. No tengas miedo de dejar comentarios como "¡gracias por su comentario!" debajo de los comentarios que son positivos y que alientan a otras personas a comprar sus productos. Si encuentra que las personas están dejando comentarios de baja calidad, evite ponerse a la defensiva. En cambio, pregúnteles qué les gustaría ver más y cómo la experiencia podría haber sido mejor. Si fue algo que puede solucionar por su cuenta, como encontrar un nuevo proveedor o hacer ajustes a sus productos o listados, hágalo. Si era algo que necesitaba ser administrado por Amazon, asegúrese de que su revisor de productos tenga la información correcta para ponerse en contacto con Amazon para que puedan recibir soporte y tener una experiencia más positiva.

Aunque no tiene que hacer esto, tomarse el tiempo para involucrarse por su cuenta lo ayudará a tener un impacto más personal y positivo en su negocio. También tendrá la oportunidad única de ver dónde puede mejorar su servicio para que todos tengan una experiencia positiva con su tienda. A través de sus propias revisiones, puede obtener más información sobre qué nuevas personalizaciones y variaciones deben considerarse, qué otros productos puede compartir y cómo puede continuar ofreciendo una gran calidad. Nunca pase por alto el valor de pasar tiempo leyendo sus propias reseñas para obtener ayuda en el crecimiento de su negocio en Amazon FBA.

Capitulo 11: Amazon FBA y la Temporada de Impuestos

Amazon FBA es un negocio que requerirá que presente impuestos. Es posible que se pregunte cómo puede presentar impuestos con Amazon FBA, incluidos los formularios de impuestos que necesitará y lo que necesita monitorear para presentar sus impuestos de manera clara y precisa. En este capítulo, vamos a resumir lo que se debe hacer en la temporada de impuestos para que usted presente correctamente su negocio de Amazon FBA para que cumpla con lo que se requiere de usted como propietario de un negocio.

Cuando se trata de presentar impuestos para su negocio de Amazon FBA, realmente no es tan difícil. Si alguna vez ha presentado una solicitud por cuenta propia antes, le complacerá descubrir que no es muy diferente a la presentación de su propio negocio. Si es nuevo en la presentación de su declaración, es posible que desee reservar con un agente de impuestos que pueda ayudarlo a presentar sus impuestos correctamente para que no cometa errores en su proceso de presentación.

Uso del Formulario de Impuestos Amazon 1099-K

Los formularios de impuestos 1099-K son formularios que ayudan al IRS a saber cuánto dinero ha ganado mensualmente y anualmente a través de su negocio. Las personas que presentan sus propias solicitudes a menudo presentan formularios 1099-K para monitorear sus ingresos a través de sus propios negocios. Afortunadamente para usted, Amazon también utiliza el 1099-K para monitorear información relacionada con ventas, impuestos y tarifas de envío. Esto significa que si usted es un vendedor profesional que vende grandes cantidades de productos a través de Amazon, su formulario ya se completará a través de los empleados de Amazon a medida que administran sus productos. Todo lo que tiene que hacer, entonces, es imprimir el 1099-K y usarlo para presentar sus impuestos.

Si usted es un vendedor individual, o si no gana una cantidad significativa a través de su negocio en un año determinado, es probable que no reciba un 1099-K porque no ganó suficiente dinero a través de su negocio para presentarlo. Para el 1099-K, hay un umbral de $ 20,000 que debe cumplirse para que

Amazon lo complete. Si no alcanza ese umbral, Amazon no lo completará por usted y no recibirá uno.

Es importante darse cuenta de que si tiene más de $ 20,000 en ventas, Amazon presentará un formulario 1099-K para su negocio, lo que significa que el IRS ya sabe que tiene un negocio con Amazon. Si no informa este ingreso o si lo informa incorrectamente, podría ser auditado debido a su discrepancia. Presta atención y asegúrate de que tus números coincidan con los del 1099-K generado por Amazon para que no te encuentres siendo auditado.

Además, incluso si no recibe un 1099-K, aún debe presentar impuestos sobre todos los ingresos que recibió de Amazon. Todavía contará para su ingreso anual general, y simplemente no lo calificará para un 1099-K que se completará y se le proporcionará desde Amazon.

Que Califica como Ingreso

El IRS realizará un seguimiento de sus ingresos brutos anuales a través de Amazon, que incluirá todo lo que ganó, incluidos sus ingresos, no solo sus ganancias. Todos los números relacionados con sus ingresos, incluidos los gastos de envío y cualquier otra cosa que reciba, se incluirán en su 1099-K, incluso si no recibió todos estos fondos directamente en su cuenta bancaria.

Si no está seguro acerca de los números, o si nunca ha presentado este formulario antes, presentar una solicitud a un consultor puede ayudarlo a realizar un seguimiento de sus números de manera más efectiva para que no cometa ningún error y pague más adelante. Siempre confíe en los números que aparecen en su 1099-K porque, al final del día, Amazon fue responsable de ayudarlo con todos los ingresos, lo que significa que sus sistemas de vanguardia probablemente sean más precisos que su propio.

Informe de Ingresos Fuera de los Estados Unidos

Si está vendiendo en Amazon fuera de los EE. UU., No es responsable de los impuestos de EE. UU., Lo que significa que no recibirá un formulario 1099-K de Amazon. Lo que deberá hacer es proporcionar un formulario W-8BEN a Amazon que eximirá a Amazon de tener que declarar sus ingresos a efectos fiscales.

Para cualquier persona que venda fuera de los EE. UU., Tendrá que realizar un seguimiento de sus propios ingresos y presentarlos de acuerdo con las leyes fiscales únicas de su país. Una vez más, aún es importante que informe y pague impuestos sobre sus ingresos de Amazon, ya que no hacerlo podría ocasionar graves sanciones por imponer sus impuestos.

Monitoreo de las Deducciones Fiscales de Amazon

Cualquiera que dirija su propio negocio califica para ciertas deducciones de impuestos durante todo el año. Por lo general, cualquier gasto que contribuya a que usted maneje su propio negocio se considerará una deducción de impuestos, por lo que es importante que guarde todos sus recibos relacionados con su negocio. Guarde los recibos de todos, como sus proveedores, sus compañías navieras, Amazon y cualquier gasto promocional o de marketing que pague. Cualquier cosa que contribuya directamente a que usted obtenga ingresos en Amazon puede considerarse una deducción de impuestos, así que siéntase libre de anotar esto en sus impuestos.

Es importante que guarde los recibos de cualquier deducción fiscal que realice en su negocio. Los recibos proporcionan

evidencia de que estos fondos se gastaron y de que usted destinó
el dinero para administrar su negocio. Si no los tiene, incluso si
el dinero se gastó en su negocio, podría tener problemas más
adelante si el IRS decide auditarlo. Evite estos problemas
guardando los recibos de su empresa durante siete años para
que las auditorías realizadas puedan probarse e informarse a
través de sus recibos guardados.

Conclusión

Amazon FBA es un modelo de negocio increíble que tiene la capacidad de permitir que la gente común emprenda en un negocio rentable en el hogar por un precio relativamente económico. Debido a los servicios mejorados que ofrecen Amazon y proveedores como Alibaba, involucrarse en un negocio como este es más fácil que nunca.

Si desea abrir su propio negocio y comenzar a ganar dinero de una manera que sea bastante fácil de aprender, definitivamente vale la pena considerar Amazon FBA. Dependiendo de cómo desee administrar su negocio, puede ser tan práctico como quiera con Amazon FBA. Puede elegir que Amazon ejecute todo, por complete, haciendo que administren el cumplimiento y pagándoles para administrar sus anuncios si así lo desea. En este caso, todo lo que tendría que hacer es comprar productos y cargar las descripciones de sus productos, así como administrar sus anuncios. O, si desea ser más práctico, puede aprovechar todas estas características y ejecutar sus propios esfuerzos de promoción orgánica a través de las redes sociales. Realmente no hay límite sobre cómo puede administrar su negocio y qué tan involucrado o pasivo puede ser.

Una de las mejores cosas de Amazon FBA es que es un negocio que puede comenzar al lado de cualquier otra cosa que esté haciendo en su vida. Debido a que Amazon está haciendo gran parte del trabajo pesado, puede comenzar su negocio mientras trabaja a tiempo completo en otro lugar o incluso mientras administra su propio negocio completamente separado de su negocio de Amazon FBA. La versatilidad aquí es increíble y ofrece la oportunidad para que muchas personas cambien sus ingresos de ser solo lineales o ganados de un trabajo a estar principalmente en línea o ganados a través de Amazon FBA. Muchas personas incluso abandonan sus trabajos y otras empresas por completo, ya que ganan más de $10,000 por mes a través de Amazon FBA, lo que hace que de todos modos no tengan que hacer nada más.

Si todavía se siente seguro de que Amazon FBA es para usted, ahora tiene toda la orientación que necesita para comenzar con su negocio de Amazon FBA. Simplemente regrese al comienzo de este libro y léalo, siguiendo el proceso paso a paso esta vez para ayudarlo a comenzar. Mientras siga estos pasos exactos, tendrá un próspero negocio de Amazon FBA en muy poco tiempo.

Si es la segunda vez que lee este libro y ya ha seguido los pasos, ¡quiero felicitarte! Estás dando grandes pasos para lograr la independencia financiera a través de su propio negocio, y eso es algo que vale la pena celebrar. Continúe siguiendo estos mismos pasos mientras se educa sobre cómo puede hacerlo aún mejor y puede sentirse seguro de que su negocio crecerá rápidamente.

Antes de que te vayas, quiero preguntarte si podrías considerar revisar este libro. Cuantos más comentarios obtenga de lectores como usted, más puedo ofrecer productos y servicios similares que lo ayudarán en su objetivo de ser financieramente independiente. ¡Apreciamos su opinión!

Por último, quiero agradecerle por leer Amazon FBA 2021. Espero que le haya ayudado a sentirse seguro para dominar su negocio de Amazon FBA.

¡Mucha suerte en su exitosa aventura!

Lightning Source UK Ltd.
Milton Keynes UK
UKHW020639090421
381714UK00011B/326